LA POLITIQUE A L'ATELIER.

LETTRES

DE

JACQUES SOUFFRANT,

OUVRIER.

(Extrait du Propagateur.)

TROYES,

CHEZ VIGREUX-JAMAIS, LIBRAIRE,

Rue de l'Épicerie, 50.

1850.

LA POLITIQUE A L'ATELIER.

LETTRES

DE

JACQUES SOUFFRANT

OUVRIER.

(Extrait du Propagateur.)

TROYES,

CHEZ VIGREUX-JAMAIS, LIBRAIRE,

Rue de l'Épicerie, 50.

—

1850.

PREMIÈRE LETTRE.

UN ENFANT DE LA VILE MULTITUDE.

Troyes, juin 1850.

Au Rédacteur en chef du PROPAGATEUR,

Monsieur,

La lecture des lettres de Cassegrain, le laboureur, m'a inspiré la pensée de vous écrire aussi.

Je ne suis point un savant comme semble être le paysan du Paraclet. Enfant du peuple, bercé par une triste nourrice qui m'a fait téter plus de larmes que de lait, j'ai appris à lire par charité, et à penser par hasard. Je n'ai pas lu Montaigne, je ne connais pas Labruyère que votre fin laboureur cite souvent. Je ne peux pas invoquer comme lui d'illustres témoignages à l'appui de mes raisons; mais ce sont tout simplement les rêves de mon cœur, les doutes de mon esprit que je vous dirai, que je vous raconterai.

Je ne suis pas un ouvrier autrement fait qu'un autre. Dans l'usine où j'use mes bras à gagner quelque chose de mieux que l'hopital pour mes vieux jours; j'ai dix, vingt, trente camarades qui me valent et dont quelques-uns, s'ils étaient dégrossis par l'étude, taillés et polis par la réflexion, feraient aussi bonne figure dans le monde des savants, que tels et tels, qui n'ont d'autre supériorité que d'avoir ruiné leur famille pour une éducation, dont ils ne sont pas sortis plus riches d'âme, plus beaux de cœur!

Vous excuserez donc mon style; le beau langage n'y

sera pas ; mais ce qui fait l'honnête homme, le bon français y sera toujours. Je vous abandonne mes pattes de mouches ; vous y toucherez et retoucherez ; mais respect à ce que le bon Dieu m'a mis dans la poitrine, et à ce que la misère et le cabaret ne m'ont pas ôté !

N'attendez pas de moi des communications gaies, souriantes. On ne rit guères, quand on a trois enfants, une femme souvent malade, un métier qui ne peut pas produire au-delà d'une somme prévue, et quand on vit dans cette atmosphère, d'où s'échappent les crimes et l'héroïsme, les révolutions !

Je n'ai pas, moi, comme Cassegrain, de belles campagnes, *vertes l'hiver*, *jaunes l'été*, ainsi que l'a dit Pierre Dupont. Je ne puis pas respirer l'air à pleine poitrine, ni dormir sous la haie, quand la chaleur est forte ; je n'ai pas les belles nuits du Paraclet à contempler. La nature ? je l'aperçois tous les huit jours le long du canal, et cette grande consolatrice des affligés ne me connaît pas. Mon horizon, c'est l'atelier ; mes champs, ce sont mes métiers ; et que de fois en faisant, à travers les mailles d'acier, passer le fil de coton, n'ai-je pas pensé à ces beaux fils de la Vierge que la brise balance dans nos plaines, et qui vont argenter les buissons auxquels ils s'accrochent !

Le soleil me brûle sans que je le voie, et je ne trouve d'ombre que dans mon terrier de *Nervaux*, ou que dans le cabaret, quand, de guerre lasse, je finis par y aller. Lorsque nous sommes libres, nous autres, nous ne savons que faire ! Nous nous promenons en regardant les pavés ; or, les pavés des grandes villes sont de mauvais conseillers.

Vous le voyez donc bien ; je ne puis pas être gai, et mon rire est un hoquet. Je ne suis pas méchant pourtant. Je n'ai pas cru en 1848 à toutes les promesses qu'on nous a faites, et je ne songe pas à me venger des imbéciles qui, sous prétexte qu'on nous a trompés une fois, veulent nous tromper deux fois. Si je fais partie du souverain, je suis une bien humble, bien docile portion de la souveraineté, je ne suis pas un despote ; je ne crois pas plus les charlatants d'en bas que les insolents et les ingrats d'en haut, qui me rejettent dans ce qu'ils appellent la *vile multitude!*

Ah! j'ai ce mot là sur le cœur, monsieur, et pour aujourd'hui, je ne vous dirai pas ce que je pense de cette loi électorale qui m'assimile au galérien. Je ne vous dirai pas ce que nous pensons de ces 10,000 fr. par jour que demande l'élu du 10 décembre, au nom duquel on nous avait promis le dégrèvement de tant d'impôts. Chaque chose aura son tour, et Dieu merci, nous aurons occasion de revenir sur ces fautes. Laissez-moi seulement, pour aujourd'hui, dégonfler mon cœur sur ce mot que l'enfant du peuple, M. Thiers, l'apostat du peuple, le parvenu, nous a jeté au visage; laissez-moi vous dire comment tous ces hommes ont menti, en nous accusant, nous, d'avoir mis la corde au cou de l'Empereur pour le précipiter du haut de la colonne sur le pavé.

J'étais un enfant alors, un gamin de Paris (car je dois vous dire que je ne suis à Troyes que depuis Février 1848), et je me rappelle encore, avec quelle rage, nous autres petits, nous voyions les grandes dames danser dans les Tuileries, en s'enlaçant aux Cosaques; ce que nous devorions en voyant les pauvres vieux soldats de l'Empire et de la République, les soldats de Fleurus, d'Arcole, des Pyramides, traqués, chassés, insultés comme des traîtres qui auraient livré leur pays aux ennemis!

La vile multitude de ce temps là ce n'était pas le peuple, pour qui Napoléon était un bon Dieu, un peu brutal, Dieu des armées et de la gamelle! Mais c'était cette cohue d'émigrés qui rapportaient la poussière de Coblentz aux foyers de la patrie, et qui insultaient au drapeau tricolore, sans songer que ce drapeau avait été celui de Louis XVI, le dernier roi et surtout le dernier royaliste!

Je n'ai pas voté au 10 décembre; il serait trop long de vous dire pourquoi. Je n'ai donc pas nommé M. Louis Bonaparte, qui pouvait être, après tout, un bon choix; mais je me demande aujourd'hui de quel tempérament est le neveu de l'Empereur, qui choie, qui pensionne, qui décore les ennemis les plus acharnés de son oncle !

Si le captif de Sainte-Hélène pouvait apparaître à l'ancien captif de Ham, il y aurait entre ces deux *ombres* un solennel et terrible entretien, et le vaincu de la sainte-alliance aurait une rude leçon d'histoire à donner à son neveu.

Il lui apprendrait, entr'autres choses, que M. Thiers a menti à la face du monde en calomniant le peuple, ce premier et ce dernier ami de Napoléon ; il lui dirait que la *vile multitude* qui attachait une corde au cou de sa statue pour la précipiter sur le pavé, suivait les Cosaques et n'appartenait par aucun lien à cette génération de demi-dieux qui avait fait avec lui le tour de l'Europe. Il lui dirait qu'alors la *vile multitude* n'était pas en bas, mais en haut, et comme le Christ montrant ses plaies, ce Christ des batailles ferait compter toutes les infâmes souillures dont les bons amis actuels de l'Elysée l'ont couvert.

J'ai retrouvé un vieux journal que les belles dames du temps s'arrachaient alors, qui faisait pousser des cris d'admiration aux chevaliers du lys, et dans lequel se trouvent de la prose et des vers qu'il serait bon de faire méditer par M. le président de la République.

Etait-ce la *vile multitude*, dont M. Thiers, ce grand seigneur que nous connaissons, a tant d'horreur, qui écrivait les vers suivants qui furent affichés un jour au pied de la colonne et que nous retrouvons dans un vieux journal intitulé l'*Ami du Roi* :

Si le sang qui coula pour assouvir ta rage
Autour du monument se pouvait amasser,
On le verrait bientôt atteindre ton image,
Et tu boirais sans te baisser.

De ce colosse affreux la chute vous menace,
Eloignez-vous, fuyez ! Pour comble de forfaits,
Le tyran, de ce trône élevé par l'audace,
Veut encore, en tombant, écraser des Français.

Est-ce aussi à la *vile multitude* qu'il faut faire porter la responsabilité des infamies que voici :

HOMMAGE A BUONAPARTE.

Napoléon, un serpent fut ton père,
Une couleuvre t'enfanta,
Et ce dût être une vipère
Qui de son venin t'allaita.
La Gorgone, Sylla, Tysiphone en furie,
De leurs mains pétrirent ton cœur,
Et les lions de l'Hyrcanie
Soufflèrent dans ton sein leur rage et leur fureur.
Tes jours sont marqués par des crimes :
De mes bienfaits, ingrat, un forfait fut le prix,
J'attache sur ton front le cachet du mépris,
Et je venge ainsi tes victimes.

Les royalistes de 1814 n'étaient pas tous poètes, et l'exaltation de quelques-uns était obligée, faute de pouvoir faire mieux, de se produire en prose. Ce n'est pas sans doute non plus la *vile multitude* qui imagina les gentillesses qu'on va lire :

PARTIE DE CHASSE A FONTAINEBLEAU.

« Un animal des plus furieux, auquel les naturalistes n'ont pas encore donné de nom, s'est échappé, il y a quelques années, de l'île de Corse. Depuis ce temps, il a parcouru toutes les contrées de l'Europe, et partout il a laissé des traces affreuses de sa férocité. C'est animal est, dit-on, retiré en ce moment vers la forêt de Fontainebleau.

« Quelques personnes penseraient qu'il serait curieux de le prendre vivant et de l'enfermer dans quelque ménagerie.

« D'autres plus sensées craindraient qu'il ne s'échappât et qu'il ne recommençât ses ravages. Elles proposent, en conséquence, aux Parisiens une battue dans la forêt de Fontainebleau. Elles prétendent que cette expédition serait d'autant plus convenable que, par ce moyen, on arracherait à une mort sanglante environ 40,000 victimes, qu'il a chassées devant lui dans cette forêt pour sa subsistance de quelques jours. »

Qu'en dites-vous, Monsieur? Qu'en dirait M. Thiers? Qu'en dirait M. Louis Bonaparte qui prend tous les jours la main des gentilshommes qui ont connu, applaudi et colporté jadis ces infamies?

Ah! prenez garde! monsieur le président! prenez garde! On ne vous chassera pas à courre, dans la forêt de Fontainebleau, comme on proposait de le faire à l'égard de votre oncle! On ne renversera pas votre statue absente. Non ; l'expérience a tempéré la fougue de vos ennemis.

Mais ils vous entoureront, mais ils empliront vos antichambres, mais ils vous pousseront, par leurs flatteries et leurs conseils, vers l'abîme; mais ils vous mettront, comme faisait le diable pour Jésus, au sommet d'une haute montagne pour vous tenter, pour vous dire : — ce royaume, ces pompes, tout est à vous si vous nous adorez! — et quand vous aurez conclu le pacte, ils vous feront rouler au bas de la montagne. Or, dans votre illustre famille, monsieur, il me semble qu'on devrait avoir surtout à honneur de s'engloutir tout à coup, dans sa chute, et de ne pas dégringoler.

Mais vous dégringolerez, et, permettez-moi de le dire, avec un dévouement sincère, vous avez déjà commencé. Le jour où l'on vous a fait porter la main sur le suffrage universel, vous l'élu du suffrage universel, vous l'oint du peuple! le jour où l'on est venu demander pour la table et les salons d'un président de République une liste civilede 3 millions 6 cent mille francs! ce jour-là on a commencé contre vous la chasse de Fontainebleau!

Eh bien! quand vous serez las de ces hommes funestes, quand vous vous serez réveillé, n'hésitez pas! Allez frapper au cœur de ce peuple qui pleure au nom de Napoléon, qui a fait de toutes nos mansardes, de toutes nos chaumières un temple naïf pour l'homme au petit chapeau. Rendez à ces compagnons d'armes de votre oncle la confiance dont ils sont dignes, les libertés dont ils sont fiers ! Livrez-vous à eux comme ils se sont livrés à l'Empereur, et vous verrez si vous ne trouvez pas au cœur de cette multitude l'inspiration qui sauve et l'amitié qui console.

Voilà, monsieur le rédacteur, ce que j'ai à vous dire pour aujourd'hui. L'heure de l'atelier sonne ; ma femme hausse les épaules et me demande, en me voyant écrire et me frapper le front, si c'est que je veux être candidat et que je fais une profession de foi ; mes gamins viennent me tirer mon papier. Il faut retourner au travail. Adieu, ou plutôt, au revoir.

Si vous le voulez bien, je viendrai les samedis causer avec vous ; j'ai promis de lire les dimanches à quelques amis ma prose mise au net et orthographiée dans votre journal. Vous ne me refuserez pas cette satisfaction, et vos lecteurs excuseront mon inexpérience en faveur de ce que je mets à leur service et au vôtre de dévouement et de sympathie.

DEUXIÈME LETTRE.

LA HAUTE-PAIE DU PRÉSIDENT.

Troyes, juin 1850.

Monsieur,

Vous le voyez, je suis fidèle à mon poste. Les camarades de l'atelier ont ri de ma prétention ; quelques-uns ont dit que vous aviez corrigé mon style et ajouté des ornements à mes pensées.

Je les ai laissé dire, parce que je sais bien qu'ils critiquaient seulement ma vanité, mais, qu'au fond ils avaient senti la justesse de mes raisons. Qu'importe donc! ils diront que je veux faire le bel esprit, ou bien que je me pare des plumes du paon. A leur aise! j'ai parlé selon mon cœur, j'ai la conscience de n'avoir pas dit trop de bêtises ; cela me suffit.

Je n'ai pas été faire, dans le temps, l'orateur au Salon-de-Mars. On n'était écouté alors qu'à la condition de chanter toujours le même refrain, sur la même note ; je n'ai pas été disputer les tréteaux sur lesquels gestilaient quelques-uns de mes camarades, parce que je sais que nous ne sommes pas taillés pour faire des orateurs, et qu'il y a toujours un grand inconvénient à exalter la foule, quand on sent que, si elle va trop loin, on ne peut pas, on ne pourra pas l'arrêter.

Mais, je crois que nous pouvons, que nous devons venir raconter ici, à loisir, sans exaltation, nos pensées, nos doutes ; en vous priant de passer le rabot sur les inégalités de notre style; je crois qu'il n'y a pas grande prétention à venir vous dire :

« Je suis un enfant du peuple, je n'ai pas grande ins-
« truction, mais je crois comprendre. J'ai pris au sérieux
« la qualité de citoyen que la révolution m'a donnée. J'y
« tiens et je la défendrai. Je ne permettrai pas plus que
« des parvenus, c'est-à-dire des ouvriers de la veille,
« devenus des patrons du lendemain, nous traitent de *vile*
« *multitude*, que je ne souffrirai que les ouvriers du
« lendemain refusent obéissance, respect au patron de
« la veille. Je viens vous soumettre mes idées sur toutes
« choses. En vous les racontant, je les passe en revue et
« les rectifie; si elles sont justes, donnez-leur asile; si
« elles vous semblent fausses, critiquez-les. Je ne vous
« impose pas mes fantaisies; je viens m'instruire, ap-
« prendre à être citoyen, à exercer mon droit. Je ne
« fais tort qu'à mes nuits; car, tout en travaillant, je
« pense à ce que je vous écrirai, et cela me fait paraître
« le temps court : cela vaut bien le cabaret et le reste!

Laissons donc dire les camarades et continuons notre correspondance.

De quoi vous parlerai-je aujourd'hui ? De mes idées sur le travail? sur les associations d'ouvriers ? sur les salaires? sur tout ce que je vois ? sur tout ce qui nous blesse, nous meurtrit, nous tue ou nous fait vivre ? Non ; ce serait de l'égoïsme; je dois m'oublier ou plutôt nous oublier encore, et je viens jaser de la grande politique, de celle qui, après tout, n'est pas sans une grande influence sur le lard que nous mettons dans la soupe et sur le pain dont nous trempons cette soupe.

On a demandé quelques millions de plus pour M. le président, et lui, le neveu de l'Empereur, il a été inaugurer un chemin de fer pour avoir une occasion d'aller dire au peuple ce mot qui faisait autrefois des héros, et ne fait plus aujourd'hui que des imbéciles : — Enfants! je suis content de vous !

Eh bien! si vous êtes content, M. le président, vous

avez raison ! Mais nous n'en dirons pas de même, et vous donnez de furieux regrets à ceux qui vous considéraient comme un Messie à panache tricolore, et qui vous ont nommé pour avoir un peu moins d'impôts, beaucoup plus de liberté, et passablement de gloire.

Vous demandez trois millions six cent mille francs ! Pour quoi faire? Est-ce pour payer un arc de triomphe au général Oudinot, et faire mouler en bronze la porte de St-Pancrace? Est-ce pour faire fondre quelques canons pris sur les ennemis et vous en faire une colonne? Non; car il ne nous semble pas que l'épée de l'oncle ait remué dans la main du neveu, et nous autres fileurs de coton, nous ne nous en plaignons pas.

Est-ce donc pour achever quelque gigantesque projet philantropique ? Voulez-vous faire bâtir des maisons de retraites pour les invalides du travail ? des écoles professionnelles pour nos enfants? Songeriez-vous à terminer ces cités ouvrières dont on avait tant parlé, et qui ne paraissent devoir être bâties que dans la lune ou que sur l'emplacement de certains châteaux..... d'Espagne ?

Est-ce pour venir au secours de la misère, du prolétariat, que vous demandez trois millions six cent mille fr. ! Oh ! alors, ce serait de l'argent béni et personne ne vous le reprocherait; mais non, ce prolétariat, vos amis, vos conseils le traitent de *vile multitude*, et tous les beaux compliments que vous avez adressés, à St-Quentin, au peuple ne vous raccommoderont pas avec lui.

Non ; ces trois millions, il vous les faut absolument, parce que les huissiers les réclament; parce que vous avez des dettes ; parce que certains journaux prétendent qu'il ne vous resterait plus, en cas de refus, qu'à passer en Belgique, ou qu'à aller à Clichy, après les trois années d'inviolabilité dont nous vous avons gratifié !

Ah ! vous avez des dettes ! c'est bien ; c'est bon ton; mais sommes-nous chargés de les payer ? S'il vous avait plu, au lieu de ne dépenser que trois millions en dix-huit mois, d'en dépenser six ou sept; est-ce que vous viendriez les demander ? est-ce que la Constitution a dit : « la nation « française est nommée caissier de M. le président; ce der- « nier aura le droit de faire sur elle tous les mandats qui « lui plairont, et que ses convives pourront demander « au dessert ! » Est-ce que si l'Assemblée décidait aujourd'hui que vous n'avez pas calculé vos dépenses avec vos recettes ; que vous avez des amis qui ont trop d'appétit, des gens qui font danser l'anse du panier, des tonneliers qui cerclent mal vos tonneaux et laissent fuir le vin dans la cave ; et, qu'en conséquence cela ne la regarde pas, et qu'elle n'a point à encourager la dissipation ? est-ce que vous auriez la moindre objection à faire ?

Est-ce que, quand on vous a nommé président, on ne vous a pas appris ce que vous auriez à dépenser ? Est-ce que vous ne pouviez pas vous dire à vous-même : « J'ai « six cent mille francs de traitement. Si je veux plaire « au paysan qui aime assez l'économie, et flatter l'ou- « vrier qui n'est pas millionnaire, et ne faire crier « personne, il ne faut pas que je dépense quatre fois la « valeur de ce que je reçois ! »

C'était simple comme bonjour. Dans nos ménages, nous faisons cela, et on nous appelle des hommes d'ordre ; mais vous, vous avez dit ou vous avez laissé dire : — « Ah « bah ! les Français qui sont bons enfants seront enchan- « tés de savoir qu'on s'amuse assez bien dans les fêtes de « l'Elysée ! » et vous fiant à la manifestation du 10 décembre, vous n'avez pas gêné l'intendant de vos menus plaisirs dans ses projets !

Cela fait aller le commerce, dit-on. En vérité ! Comment ? Si on vous donne vos trois millions, la ville de Troyes fabriquera plus de bas et de bonnets de coton ; Lyon fera mouvoir plus de métiers ; Saint-Quentin, Reims Elbeuf, Sedan, Lille, etc... toutes les villes s'en ressentiront ? l'abondance renaîtra ?

Mais c'est là, en vérité, une plaisanterie qui dépasse la colonne ! Paris au moins y gagnera-t-il ? Qu'est-ce que feront ces trois millions dans le grand Océan ? Quels travaux, quelles œuvres pourrez-vous entreprendre ? En admettant que tout cela vous regarde et que vous ayez quelque chose à entreprendre, vous qui n'êtes pas roi, qui n'êtes que le premier intendant de la France, non son maître, qui n'avez qu'à exécuter ses volontés et non à lui en manifester ?

Toutes ces raisons de luxe, de commerce, de bienfaisance, ne sont que de beaux et vains prétextes. Vous avez des dettes! voilà la vérité. Comment les avez vous contractées ? Cela ne nous regarde pas. Est-ce à nous à les payer ? Non, encore une fois.

Mais, disent les journaux, il faut que le président représente dignement la République et fasse honneur au peuple qui l'a nommé. Soit, mais comment l'entendez-vous? Est-ce en mettant trois panaches de plus à son chapeau, deux chevaux de plus à sa voiture, trois laquais de plus dans son antichambre, cent ou deux cents bouteilles de plus dans ses caves, quelques livres de plus dans sa bibliothèque, que M. le président représentera mieux la République ? Est-ce que *représenter* ce doit être nécessairement un spectacle ; et s'il fait bien les affaires du pays, à bon marché, en ne dépensant que six cents mille francs ; s'il éloigne de lui tous les royalistes qui ont perdu, vendu, livré son oncle ; s'il montre un visage dédaigneux aux intrigants, fier aux ennemis de la France, doux au peuple, est-ce que M. Louis Bonaparte ne représentera pas suffisamment le pays ? Qu'est-ce qu'il lui faudra de plus ?

On dit souvent que la France ne marchande pas sa gloire ; oui, quand elle a de la gloire pour son argent. Or, en sommes-nous là ? Quand le pays sera tranquille, qu'on ne conspirera plus, ni vers le haut, ni dans le bas; quand le commerce et l'industrie auront repris tout leur développement; quand il n'y aura presque plus de misère à soulager, de plaies à panser, de révolutions à empêcher; quand la France libre, grande, prospère, aura repris son rang à la tête des nations; que M. le président vienne demander six millions, on lui en offrira douze, on lui ouvrira tous les trésors, toutes les bourses, comme on lui ouvrira tous les cœurs; on lui dira : — Vous avez bien mérité du pays, jouissez de votre œuvre !

Mais, à présent, où sont les exploits, les faits? Nos soldats ont monté la garde à la porte du pape, dans la guérite des Autrichiens; les gens que la révolution de Février a portés au pouvoir cherchent à étrangler leur mère, et quatre millions d'électeurs sont supprimés après qu'on s'en est servi pour le plus grand profit de certaines ambitions!

Voilà le bulletin des hauts faits, en deux mots. Il n'y a pas de quoi achalander l'enseigne, et quand on est dans de mauvaises affaires et qu'on n'a pas d'autres garanties, il ne faut pas trop compter sur un concordat : on n'a plus qu'à faire banqueroute.

Voilà, monsieur, ce que l'on pense dans le peuple qu'on vient de mettre à la porte du scrutin, et auquel on a promis tant de choses folles au 10 décembre. Je voulais vous parler encore du voyage que M. le président a fait à St.-Quentin, voyage dans lequel il nous a appelés, nous qui ne sommes plus électeurs, ses amis, ses meilleurs amis. Mais je n'ai plus de place aujourd'hui; ce sera pour la semaine prochaine; si, dans huit jours on parle encore de ce voyage.

TROYES. — IMPRIMERIE DE CARDON.

LA POLITIQUE A L'ATELIER.

LETTRES

DE

JACQUES SOUFFRANT

OUVRIER.

(Extrait du Propagateur.)

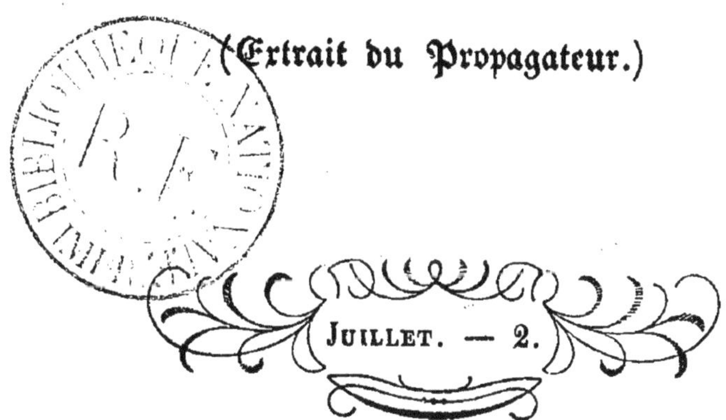

JUILLET. — 2.

TROYES,

CHEZ VIGREUX-JAMAIS, LIBRAIRE,

Rue de l'Épicerie, 50.

1850.

TROISIÈME LETTRE.

LES VICTIMES DE FÉVRIER.

Troyes, juin 1850.

Monsieur,

J'ai oublié de vous dire que nous n'étions plus en République. Vous le savez de reste; mais c'est égal, il est bon de nous entendre sur ce point.

Pourtant, diront quelques badauds, nous avons un président de République, une Constitution républicaine; pourtant nos murs sont enjolivés des trois mots : *Liberté, Egalité, Fraternité!* Les papiers d'un grand nombre d'administrations portent pour suscription : *République française*; nos pièces de monnaies sont frappées à l'effigie d'une femme qui n'étant ni reine, ni régente, peut bien passer pour une sorte d'allégorie républicaine.

Je conviens de toutes ces apparences; mais, c'est égal, nous ne sommes pas en République.

Est-ce qu'un gouvernement républicain confierait ses destinées à tous les hommes connus et flétris pour leur servilité monarchique? Est-ce qu'un gouvernement républicain s'amuserait à discuter des listes civiles, des dotations pour M. le président? Est-ce qu'un gouvernement républicain préférerait le cri de vive l'Empereur, vive Napoléon, au cri constitutionnel de vive la République? Est-ce qu'un gouvernement républicain traquerait tous les hommes connus pour leur dévouement à la République? Est-ce qu'un gouvernement républicain pourrait avoir pour journaux ministériels toutes les feuilles royalistes et pour journaux de l'opposition toutes les feuilles républicaines ?

Je ne vous parle pas des améliorations dont l'idée semble attachée, pour quelques-uns, au mot de République. C'est là du socialisme, et le socialisme est une espèce d'hérésie effroyable, dont les partisans méritent la corde. Rien assurément n'est plus criminel que de rêver l'extinction de la misère, et M. Thiers nous a démontré catégoriquement que tout homme qui ne considère pas l'hôpital comme le nec plus ultrà de la prévoyance sociale, est un fou ou un criminel.

Mais si nous ne sommes pas en République; dans quoi sommes-nous donc ? Est-ce dans l'empire ? Non. Dans la royauté ? Encore moins. Existe-t-il dans le vocabulaire de l'histoire un nom pour définir l'état vague, douteux, dans lequel nous nous agitons ? Nous sommes dans le crépuscule. Ce n'est ni le jour ni la nuit ; mais c'est l'heure des chauves-souris, des chouettes, de tout ce qui a peur du soleil, de tout ce qui travaille dans l'obscurité.

Si j'avais pu conserver quelques doutes encore, la discussion qui a eu lieu, il y a huit ou dix jours, à l'Assemblée, au sujet des victimes de Février, m'aurait éclairé ; mais, Dieu merci, je savais à quoi m'en tenir, et le contraire de ce qui est arrivé m'eût beaucoup plus étonné.

En effet, où diable peut-on aller chercher la pensée de récompenser des gens qui se sont fait tuer ou blesser pour cette vieille chimère qu'on appellait autrefois la Liberté, et n'est-il pas du dernier ridicule de prétendre honorer une révolution dont le gouvernement est issu, et sans laquelle nous serions privés du bonheur d'héberger M. Louis Bonaparte ?

Est-ce qu'il n'eût pas été souverainement immoral que les ministres de la République vinssent rendre un hommage public et solennel au principe qu'ils consacrent, à la révolution qui les a mis au pouvoir ?

Est-ce que ce n'est pas honorer le pays et ceux qui le représentent que de venir dire à la tribune : — Mes amis,

« vous avez été le 24 février tous lâches, tous stupides !
« Une poignée de misérables vous a fait peur ; vous avez
« subi la victoire de la minorité ! Vous avez laissé la vile
« multitude vous donner un gouvernement de son choix,
« et vous en faire les ministres, les soutiens !

Est-ce que ce n'est pas le comble de l'esprit et de la délicatesse que de dire à la nation : « Tu es en république
« malgré toi ; nous abhorrons cette forme de gouverne-
« ment qui contrarie certains penchants, certaines habi-
« tudes dynastiques ; mais, c'est égal, nous la gardons
« pour avoir le plaisir de l'insulter plus longtemps ? »

Est-ce qu'on pourrait trouver l'ombre d'un reproche à faire à un homme qui, pour entretenir M. le président dans les sentiments d'honneur et de loyauté qu'il doit avoir, lui dirait : « Tu as juré fidélité à la Constitution, à la Répu-
« blique. C'est très-bien, tiens ton serment, mais à la
« condition de répéter avec nous que la Constitution est
« une œuvre niaise, informe, un premier Paris manqué
« de M. Marrast, et la république une odieuse mystifica-
« tion ? »

Est-ce que ce n'est pas un enseignement moral, pour nous autres gens du peuple, que de nous prouver qu'il n'y a rien de légitime dans le monde en dehors de l'intérêt de quelques hommes ? Est-ce que ce n'est pas nous inspirer une haute estime pour nous-mêmes que de nous dire :
« Vous êtes descendus sur notre ordre dans la rue, le 24
« février, nous avons battu des mains à vos prouesses ;
« mais, toute reflexion faite, nous avons commis une ma-
« ladresse en vous déchainant, et comme c'est là une
« faute que nous devons expier, nous aurons la douleur
« de voir sans secours et sans pain les veuves de ces frè-
« res et ceux de vous qui les ont conduits avec un si ma-
« lencontreux héroïsme ? »

Oui, le peuple aussi a un fameux meâ culpâ à frapper sur sa poitrine. Que diable allait-il faire dans cette galère ? Ne valait-il pas mieux pour lui continuer à payer l'impôt du sang et l'impôt du travail pour entretenir dans les avenues du pouvoir les oisifs et les intrigants ? Il n'était pas électeur ; mais cela valait-il moins que de l'avoir été et que de redouter de ne plus l'être ?

«Mais, dira-t-on, la révolution de Juillet! Ah! c'était bien différent, répondront les orléanistes. La révolution de Juillet a été beaucoup plus sanglante, plus meurtrière, et a beaucoup moins touché aux abus. Il y a eu plus de sang dans la rue, et plus de places, de cordons, de rubans à donner dans les antichambres. La révolution de Juillet, dans laquelle M. Dupin jouait le rôle d'insurgé, c'était là une belle et bonne révolution. A la bonne heure! Toute insurrection qui ne coûte la vie qu'à ceux d'en bas et ne rapporte qu'à ceux d'en haut est le plus saint des devoirs !

«La révolution de Juillet! crient les légitimistes, ne vaut pas mieux que l'infâme émeute de Février! Au contraire, celle-ci au moins a vengé la légitimité outragée, chassée. Toute insurrection qui n'a pas l'assentiment préalable de messieurs les cosaques, et qui se produit sans brevet et sans garantie des gouvernements étrangers est une insurrection criminelle ! »

Je sais bien que quelques gens prétendent que la République arrivée par hasard, ou plutôt par une logique providentielle; n'a pas été imposée à la France par quelques hommes, mais par quelque chose, comme Dieu. Je sais bien que certains esprits bizarres assurent que la France n'eut pas subi un anachronisme, et que quelques cerveaux enflammés s'imaginent qu'au 24 février chacun s'est rallié au gouvernement nouveau. Les uns disent que tous les généraux, tous les jurisconsultes, tous les fonctionnaires ont été des premiers à reconnaître la République. D'autres racontent que l'Assemblée nationale, libre et maîtresse, a proclamé la République.

Mais qu'est-ce que cela prouve? qu'on a eu un peu peur, voilà tout ; mais cela ne prouve pas que la République ne soit pas une abomination, et le 24 février une date sinistre dans l'histoire !

Récompenser les combattants de Février! Quelle idée ! donner quelque chose à de braves imbéciles qui ont quitté leurs ateliers pour faire plaisir à MM. Odilon Barrot et consorts, et qui ont été jouer, bon jeu bon argent, à ce jeu terrible dont ils sont les victimes ou les dupes! honorer la canaille qui a brûlé le trône de Louis-Philippe, et qui a poussé l'infamie jusqu'à respecter ironiquement toutes les propriétés, toutes les personnes! quel scandale !

Et au milieu de ces conflits, de ces luttes, de ces partis, qui ne sont d'accord que pour détester la République, que pense le peuple? Il se voit, une fois de plus, trompé, méconnu, délaissé! Ce n'est pas assez qu'on lui reprenne toutes ses conquêtes ; on ne lui tient même pas compte du sang qu'il a donné, des efforts qu'il a faits pour l'avancement rapide de MM. Baroche et compagnie. Eternel mystifié, il panse aujourd'hui les brûlures qu'il a gagnées à tirer pour d'autres les marrons du feu. Encore s'il pouvait prendre, une fois pour toutes, la résolution de garder pour lui ces marrons tentateurs; ou plutôt s'il avait la ferme pensée de les laisser retirer par ceux qui les croquent! Mais bah! il est dans sa destinée d'être dupe, parce qu'il est dans sa destinée d'être grand, d'être généreux, d'être dévoué, d'être confiant jusqu'à la folie.

Et voilà pourquoi, justement, monsieur, nous ne sommes plus en République.

QUATRIÈME LETTRE.

Troyes, juin 1850.

A Monsieur LORETTE, *président de l'association anti-socialiste.*

Monsieur,

Vous êtes un homme de bien. Dans votre carrière d'avoué, vous avez su conserver l'estime des gens dont vous défendiez ou dont vous combattiez les intérêts, et je ne crois pas que jamais les pauvres aient eu à se repentir d'avoir fait appel à votre dévouement.

Il n'y a donc aucune pensée personnellement hostile dans ma démarche, et je ne viendrais pas m'en prendre à vous, publiquement, si je ne vous estimais, et permettez-moi de le dire, si je ne vous aimais autant.

Vous croyez, en acceptant de bonne foi la présidence de cette association qui s'intitule anti-socialiste, mais qui se garde bien de dire qu'elle n'est pas anti-républicaine, vous croyez faire acte d'humanité, de philantropie ; vous vous imaginez que vous allez faire du bien, répandre des aumônes, soulager des douleurs, faire de la propagande par la charité ! Erreur ! monsieur, erreur !

Vous êtes l'honnête enseigne d'une boutique de journaux ; vous distribuerez des brochures insignifiantes ou effrontément royalistes. Vous n'oserez pas donner de l'argent à certaines caisses de secours, parce que les fondateurs en sont républicains ; vous serez l'instrument d'une coterie qui se soucie fort peu du socialisme, des ouvriers, des classes pauvres, mais qui tient essentiellement à ce que M. Périer soit réélu, à ce que M. Charles Doé soit nommé, à ce que l'influence des idées républicaines soit combattue, et, s'il se peut, paralysée.

Procédons catégoriquement et rappelons-nous comment cette société a été fondée. Un beau jour, les hommes les plus notoirement connus pour leur hostilité à la République, c'est-à-dire nos représentants, chargés de conserver la Constitution, mais qui la conservent dans du vinaigre, font appel à tous leurs amis exclusivement.

La réunion a lieu à huis-clos ; des laquais gardent la porte ; il faut montrer patte blanche avant d'entrer dans ce noble séjour. Tout ce que le département renferme de vieille noblesse et de gens assez heureux pour pouvoir décomposer leurs noms et se mettre des *de* devant, se réunit là.

M. Périer déclare que chacun sait pourquoi il est venu, qu'il n'y a pas à s'expliquer ; quelqu'un lui demande ce qu'on fera des fonds, il répond qu'on en subventionnera les journaux. Puis on tire une liste toute combinée et on fait nommer un comité de trente membres.

On n'est pas assez maladroit pour mettre en tête de la liste M. Doé. Ah bien oui ! c'eût été par trop franc ; mais on vous choisit, vous, sans ambition, vous, l'homme loyal, le cœur d'or ; on se dit : « M. Lorette est aimé, vénéré, « ce n'est pas un homme politique, il nous servira mer- « veilleusement de masque, de bouclier ! » Et pour que vous ne vous égariez pas, on vous adjoint la seconde autorité municipale, qui ne doit pas être sur ce point de l'avis de M. le maire. On vous donne pour vice-président M. Parigot, membre du comité de l'*Aube*. De cette façon, le journal royaliste agira ; il ne présidera pas ; il vice-présidera, et derrière M. Parigot, MM. Doé, Brocard, Bourguignat, Dutreix, Babeau, etc., tous actionnaires ou hommes d'Etat de l'*Aube*, entrent, prennent position, et achèvent de donner à cette réunion philanthropique un caractère si essentiellement politique, que pas un homme du *Propagateur* ne courrait la chance de s'y risquer. Et vous croyez avoir fait une œuvre de conciliation ! Et vous dites avoir fait appel à toutes les opinions ! Mais citez-moi donc une seule personne d'une opinion différente que vous ayez invitée !

Parmi les trente membres dont l'élection avait été décidée d'avance, quelques personnes, véritablement prudentes se sont retirées, ou plutôt, n'ont pas accepté ; elles ont pensé qu'elles n'avaient rien à voir, elles, chefs d'atelier, négociants, dans cette aristocratique société de légitimistes de toutes les dates. Elles ont menacé d'une protestation, si on publiait leurs noms, et on a été forcé de les remplacer arbitrairement ; si bien que la liste que vous donnez a été refaite par vous et n'émane pas de la réunion générale.

Une seule personne nous paraît franche ou perspicace en tout ceci ; c'est M. de Bantel, préfet de l'Aube : il sait bien que votre philantropie n'est que de la frime, et que M. Doé, prêchant contre le socialisme, courrait la chance de faire beaucoup de partisans aux idées socialistes ; il vous considère comme une association *politique ;* c'est à ce titre qu'il vous autorise ; et nous voudrions bien savoir quelle serait l'opinion de M. de Bantel, si des républicains lui demandaient l'autorisation de se réunir pour combattre les idées royalistes. Il refuserait, sans aucun doute, lui le préfet républicain, et en vérité nous voudrions que la question lui fût posée, pour que le peuple apprit par ce nouveau scandale, ce qu'il a à attendre du pouvoir et de ses agents.

Savez-vous bien, monsieur, ce que des hommes, ennemis des coteries, et uniquement préoccupés de maintenir l'ordre et de défendre la morale eussent dû faire ? Savez-vous bien comment il fallait vous y prendre pour que cet appel aux hommes de toutes les opinions qui figurent dans vos statuts ne fût pas un mensonge ?

Il fallait faire, comme M. le maire à l'occasion de la mendicité, convoquer dans la grande salle de l'Hôtel-de-Ville, tout le monde, indistinctement ; il fallait dire à ces

citoyens : — « Nous voulons faire du bien, faire de la pro-
« pagande en faveur des idées morales. Nous ne croyons
« pas que les différences d'opinions doivent subsister de-
« vant l'intérêt commun. Que tous les dévoûments s'u-
« nissent. Il ne s'agit pas d'un drapeau, il s'agit de l'hu-
« manité ! »

A un pareil langage, tout le monde eût répondu. Les actionnaires du *Propagateur* qui ne sont ni des chenapans, ni des gueux, ni des va-nu-pieds; qui tiennent autant que vous à la propriété, à la famille, à la religion, fussent venus, et alors sans préoccupation de journaux on eut travaillé ensemble, dans une sorte de franc-maçonnerie patente, publique, au perfectionnement et au bonheur de tous.

Vous auriez pu alors organiser pour le peuple des cours gratuits et dire : « Vous, M. Magister, vous enseignerez
« l'histoire! — Vous, M. Ulbach, vous ferez des lectures
« publiques et des cours littéraires! — Vous, M. Anner-
« André, vous traiterez les questions commerciales ! per-
« sonne ne parlera politique, mais l'influence des idées
« de bien et de beau qui se dégagent de l'histoire, de la
« littérature, et du travail rectifiera ce qu'il y a de faux
« dans les opinions du peuple; il préférera ces cours au
« cabaret, au club, et il sera soustrait ainsi à *ses détesta-*
« *bles* influences. »

Ce n'est pas tout. Vous auriez pu vous livrer à l'étude de certaines réformes. Il y a à Troyes des quartiers empuantis où l'ouvrier croupit dans d'ignobles bouges, mes voisins sont dans ce cas. Vous auriez pu consacrer une somme assez ronde, à la construction d'habitations salubres, à l'amélioration des conditions hygiéniques des ouvriers.

Vous auriez pu ouvrir des crèches, multiplier les salles d'asile, et enfin venir en aide à l'autorité municipale qui s'efforce d'éteindre la mendicité!

Vous auriez pu faire cela et bien d'autres choses encore, établir, par exemple, des associations pour la fourniture à meilleur prix de la nourriture première. C'est par de semblables moyens que l'on combat le socialisme; c'est ainsi qu'on fait de la propagande en faveur du bien et du beau !

Mais alors, il fallait appeler tout le monde. Les gens du *Propagateur* n'étaient pas plus déplacés dans vos rangs que les gens de l'*Aube*; ils ont le cœur aussi ouvert à la pitié, la bourse aussi accessible à la misère que vos philantropes patentés et brevetés par M. de Bantel ! Vous auriez rapproché les opinions , forcé au moins les adversaires à l'estime; tandis que vous allez semer la division, enflammer les haines, faire des catégories et diviser si bien le pays qu'à un moment donné les collisions éclateront.

Sans doute, vous M. Lorette, vous avez de bonnes, de loyales intentions. Vous croyez servir un but noble, glorieux; mais vous vous trompez ; vous serez chargé d'enrégimenter des clients pour quelques candidatures ; vous recruterez une armée pour l'occasion, et un moment viendra où vous vous apercevrez qu'au lieu de distribuer des secours, vous avez distribué des cartouches.

L'association a-t-elle un but déterminé ? Si elle n'est pas une coterie royaliste, que veut-elle ? Que demande-t-elle ? J'ouvre vos statuts, j'y vois de vagues intentions. Rien de net, de formulé, de précis ; vous pataugez dans les réticences, vous n'avez eu ni le courage, ni la loyauté de dire : « Nous ne ferons pas de politique! nous respectons la Constitution ! « Cela, direz-vous, est sous-entendu. On ne doit rien sous-entendre à une époque de confusion de lutte comme la nôtre. Il vaut mieux être naïf qu'obscur. Mais hélas ! si vous n'êtes pas naïfs, vous n'êtes pas trop obscurs. Rien de plus facile à comprendre que la portée de votre organisation, et je souhaite pour le repos de ce pays qu'il ne vienne à l'idée de personne d'en fonder une rivale.

Si vous saviez avec quelle franchise, quelle intention droite et pure je vous parle. Je ne suis pas haineux comme le dit votre journaliste officiel. Je voudrais que les dissentiments politiques n'empêchent pas de s'unir pour le bien; je voudrais qu'aujourd'hui encore vous ayez le courage de revenir sur vos pas et de dire à ceux que vous avez si niaisement ou si perfidement écartés. Venez à nous ! et ils iraient.

Mais non, M. Périer ne le veut pas, M. Doé ne s'en soucie guère. Il s'agit avant tout d'une assurance mutuelle contre les chances du suffrage universel, et en vérité nous n'avons rien à faire parmi vous.

Vous allez donc publier des brochures ! des journaux! L'*Aube* et la *Paix* par vos soins vont infester nos campagnes et nos ateliers. Mais croyez-vous que le peuple prenne goût à ces deux feuilles ? La première disait, il y a huit jours, que j'étais, moi, un pillard, un incendiaire, et l'homme qui débite ces stupides calomnies se croit naïvement un honnête homme. L'autre journal, plat, ridicule, plein de billevesées, qui réfléchit les intrigues des sacristies et abaisse la religion au niveau de ses commérages, l'autre journal donnera des nausées au peuple, qui n'aime pas plus les jésuites que les royalistes.

Tenez ! vous êtes dans une situation analogue à celle de l'élu du 10 décembre. Quand on l'a nommé, quelles promesses magnifiques ! quel programme superbe ! Tous les impôts devaient être abolis. Il devait payer nos dettes ! et c'est nous qui payons les siennes, c'est nous qui sommes contraints de prélever sur le prix de notre travail pour lui donner une liste civile. Vous nous faites, de même, de séduisantes promesses, vous êtes aussi des enjoleurs; dans quelque temps vous aurez fait de même, banqueroute à l'opinion publique, et, permettez-moi de le dire, c'est ce qui pourra vous arriver de plus heureux. Vous ne sauriez être, en persistant, que des principes de trouble et d'agitation. Votre impuissance nous sauvera !

J'aurais encore bien des choses à dire; mais le papier me manque : nous y reviendrons. A samedi donc si vous voulez bien le permettre, et croyez, Monsieur, qu'en vous faisant part de mes observations, j'ai espéré qu'elles vous donneraient la pensée que je suis un brave et loyal ouvrier, jaloux de votre estime, fier de sa probité, et qui serait heureux de se voir compris par vous.

Je vous salue.

TROYES. — IMPRIMERIE DE CARDON.

CINQUIÈME LETTRE.

LES APOTRES ANTI-SOCIALISTES.

Troyes, juillet 1850.

Monsieur,

Quand un beau jour, triste de tout ce que j'entendais, j'ai eu la fantaisie d'aller acheter chez l'épicier ma première feuille de papier pour vous écrire, je ne songeais qu'à vous confier mes doutes et mes croyances, et je ne voulais pas, le moins du monde, empiéter sur vos prérogatives, ni me faire journaliste.

Il paraît que malgré mes précautions, la planche a chaviré et que je suis tombé dans le mortier. Me voilà obligé de gâcher, tout comme vous. Quel métier, Monsieur, et que je vous plains !

Pour une idée que l'on a dans le cœur, que l'on croit vraie, se voir renié des imbéciles, haï, insulté des méchants; être obligé de se défendre de morsures dans les jambes, quand on croit n'avoir qu'à parer des attaques dirigées en pleine poitrine; se détourner d'études sérieuses pour des querelles de journalistes; avoir souci de sa dignité et cependant se voir contraint de descendre à des taquineries, à des malices de mauvais goût; vouloir s'élever dans un air pur et se sentir retenu par le pied dans un milieu âcre et nauséabond; sans compter les larmes que l'on fait verser chez soi, quand la discussion devient orageuse; et, au bout de tout cela, quel profit ? Peu de chose pour l'intelligence; rien pour la considération; rien pour le cœur. On parvient à se faire un peu craindre de ceux qu'on attaque, mais on parvient plus difficilement à se faire des amis de ceux qu'on a défendus. L'ingratitude est la première des vertus politiques!

Merci de votre métier, il ne me tente pas; je vous plains de le subir et souhaite que vous le quittiez bientôt. Pour moi, je m'en tiens à mes bobines. Q'on m'attaque tant que l'on voudra; que l'*Aube*, avec sa voix enrouée, que la *Paix*, avec son petit organe fluté, me disent : — Souffrant par ci, Souffrant par là! ouvrez votre porte! laissez-nous entrer chez vous, que nous fassions votre inventaire; que nous puissions au moins vous attaquer dans votre vie privée, non pas en discutant vos lettres, mais en dénaturant vos actions. Montrez-vous! venez à nous! — Point; répondrai.je, je vous abandonne les chauves-souris qui battent de l'aîle dans mon cerveau et qui s'envolent pendant la nuit. Clouez-les, dépecez-les; quant à moi, je reste à mon métier.

Si j'étais vaniteux, savez-vous qu'il y aurait de quoi faire jabot et se payer une tournée de félicitations! J'ai fait parler de moi. Les journaux de l'union anti-constitutionnelle, anti-républicaine, anti-tout-ce-qui-n'est-pas-la-royauté, m'ont pris à partie. L'*Aube* n'y a pas été par quatre chemins. Patatras! il est venu me vider son tas dans le dos. La *Paix* a été doucereuse et polie. Elle vous envoie les gros mots; mais pour moi, elle choisit un secrétaire, Jean Guéri, brave garçon, un peu benêt, mais très-honnête, qui cherche à me pincer, mais en ôtant sa casquette.

Il faudrait, à les en croire, que je raconte depuis *a* jusqu'à *z*, ma vie, mes parentés, mes amis, etc... On ne songe pas à savoir si ce que je dis est vrai; mais on me demande toujours : Qui êtes-vous? — Qui je suis? Jacques Souffrant, pas autre chose, un ouvrier de bonne volonté, sain de corps, triste d'âme, qui n'essuie pas seulement de la sueur sur son visage, et qui y trouve quelquefois bel et bien des larmes.

Qui je suis? Un honnête homme qui croit à la République, à l'ordre, à l'autorité, à la propriété, à la famille et à la liberté. Pas autre chose.

Ce n'est pas la peine de se donner le torticolis pour voir derrière moi si je n'ai pas des laquais, des équipages, une belle maison et un nom ronflant avec un *de*, comme semble le croire ce brave homme de l'*Aube*, si crédule de sa nature ! Je ne suis pas un *aristo* qui met une blouse et fait semblant de trinquer au cabaret. Non ; ces messieurs sont trop bons de se donner tant de mal pour se fourvoyer. Encore une fois, je suis Jacques Souffrant, le bien nommé dans cette circonstance, car je souffre de voir la peine que ces messieurs, trop polis, se donnent pour m'offrir une sellette et un rafraîchissement dans leur boutique.

Merci mille fois! Je n'ai besoin de rien, sinon de retailler ma plume et d'allonger mon papier.

Ah ça ! voilà l'association anti-socialiste installée, patentée, brevetée ! M. le préfet, qui la considère comme une société politique ; mais qui ne saurait, en conscience, la considérer comme politiquement favorable à la Constitution, dont il est le premier défenseur, M. le préfet lui a donné le département à exploiter. Les trente Burgraves n'ont qu'à agir ; rien ne les gêne, rien ne les entrave. Que vont-ils faire?

Je l'ai dit et le répète, cette réunion d'hommes notoirement connus pour leur hostilité à la République, ne se soucie guères du socialisme; c'est un comité électoral qui tient surtout à combattre, à détruire le *Propagateur*, dont l'influence le gêne, dont les hommes lui font ombrage.

Mais enfin, j'admets que ce soit bien la peur du socialisme, de ce monstre affamé, qui réunisse ces messieurs; je me demande ce qu'ils vont faire, comment ils vont procéder. Je ne ferai pas la malice de passer en revue les trente membres du comité et de demander ce que chacun de ces Messieurs, personnellement, peut contre les idées nouvelles et subversives ; je ne chercherai pas qu'elle est l'aptitude de chacun, et si sur ces trente sauveurs brevetés et patentés, il y en a vingt qui sachent bien ce que c'est que le socialisme, son danger, ses progrès et le moyen de le combattre.

Je les suppose tous les trente parfaitement aptes à discuter l'économie sociale, à nous sauver. Comment encore s'y prendront-ils ?

Le socialisme, si je ne me trompe, c'est quelque chose comme la réforme des abus ; réforme exagérée, trop radicale, trop prompte, si vous voulez, mais réforme, en définitive. Il faudra donc que ces messieurs se mettent à démontrer qu'il n'y a pas d'abus à combattre, que tout est pour le mieux, que le peuple est dans le meilleur des mondes, et qu'il n'y a plus qu'à tirer l'échelle.

D'autres disent que le socialisme, c'est la recherche de tout ce qui peut contribuer à égaliser les conditions sociales. Il faudra donc que les trente Burgraves prouvent l'utilité, l'indispensabilité des inégalités sociales : ce sera là une rude tâche.

Sans doute, il y a des fous, des fous furieux même, parmi les socialistes ; mais ce ne sera pas de la part des trente providences du département, de la discussion, du choix. Ces messieurs ne s'amuseront pas à extraire ce qu'il peut y avoir de bon dans un système, à signaler ce qui s'y trouve de mauvais. Il n'y en a pas un seul, depuis M. Lorette, le président, jusqu'à M. Vincent, le dernier inscrit sur la liste, il n'y en a pas un seul qui ait étudié Proudhon, Considérant, Louis Blanc, ni même Michel Chevalier et Blanqui. Par conséquent, c'est radicalement, c'est absolument qu'ils devront prouver que le socialisme est mauvais.

Ainsi l'article premier et unique de leur charte sociale, l'article à inculquer dans l'esprit des travailleurs, c'est celui-ci :

Tous les socialistes, quels qu'ils soient, sont des fous, des brigands, des enragés qui veulent vous prendre aujourd'hui vos biens, demain vos têtes.

Cela est clair et facile à comprendre ; mais malheureusement auprès de qui voulez-vous faire de la propagande? Ce n'est pas auprès des millionnaires, des riches; c'est auprès des pauvres, auprès des gens que l'appât d'un livret de caisse d'épargne peut séduire ; c'est à ceux qui n'ont rien et qui ne tiennent guère par conséquent à leur tête, que vous viendrez dire : Ayez peur des partageux et de la guillotine ! —Mais ces gens-là vous répondront : Nous n'avons rien à perdre et on n'a pas d'intérêt à nous guillotiner. Nous avons tout à gagner au contraire à des changements sociaux.

La propagande des idées de résignation, de renoncement, me paraît donc difficile auprès de ces gens-là. Il en sera de même pour celui qui a quelque chose, mais qui est jaloux de son voisin un peu plus riche que lui. Il semble donc, à première vue, que ce soit là une entreprise folle et périlleuse que celle des gens les plus riches du département venant dire aux plus pauvres : Prenez garde à vos biens ! on va vous piller !

Je comprends le christianisme, cette loi d'amour et de sacrifice venant dire à l'humble, au misérable : « Tu es autant dans le ciel que le plus riche. Méprise donc ces richesses, sois fier de ta pauvreté, si tu es pur devant Dieu, et attends là-haut la compensation des douleurs souffertes ici-bas. »

Il y a de la justice dans ce raisonnement qui fait intervenir le ciel comme réparateur. Mais comment voulez-vous que les travailleurs ne vous rient point au nez, quand vous irez leur dire : — « Voilà 20 fr., allez chercher un livret de caisse d'épargne, et promettez-nous de ne plus écouter les gens qui viendront vous dire, que vous n'êtes pas aussi bien à l'hôpital que nous dans nos châteaux. Ne croyez plus que vous avez froid l'hiver, que vos filles, gagnant un salaire insuffisant, sont contraintes de se prostituer pour vivre; que l'usure au défaut de la misère, vous ronge. Ne croyez pas cela ! voilà 20 fr. ! c'est moi, M. Doé, moi, M. Lorette, moi, M. de Mesgri-

« gry, moi, M. Brocard, etc., nous tous gens heureux, et « qui ne craignons ni l'hôpital, ni le froid, ni la misère, « qui vous assurons de cela. Vous étiez plus heureux que « nous.... sans le savoir. Vous le savez maintenant ; que « cela vous suffise !

Mais si ces gens vous répondent : « Comment, rien à es- « pérer ! rien de possible dans ces promesses, pas le plus « petit mot à voir réaliser ! — Non, répondrez-vous, « rien ! rien ! tout est pour le mieux ; nommez-nous re- « présentants, lisez l'*Aube* et la *Paix*, et tout ira bien ! »

Je suppose pourtant que ce soit là la vérité, et qu'en effet ce mouvement étrange qui secoue la terre sous nous, ne soit que la vibration des grosses caisses de certains charlatans ; je suppose, qu'en effet, le peuple n'ait rien à espérer, rien à attendre, et que vous ayez raison de le lui dire : comment et où le lui direz-vous ?

Vous voulez lutter contre la propagande socialiste ; vous voulez détruire les mauvais effets des conseils, des suggestions, des tentations des socialistes ; comment vous y prendrez-vous ?

Vous distribuerez des journaux, des brochures. Mais, est-ce qu'on lira vos journaux, vos brochures ? Le socialiste les arrachera des mains du paysan, de l'ouvrier, et dans le cabaret, entre deux bouteilles, les coudes sur la table, détruira votre ouvrage. A l'atelier, on n'a pas le temps de lire les brochures, mais on a le temps de se plaindre, de causer, de se raconter les conversations du cabaret. Comment paralyserez-vous ces influences ?

Est-ce que quelques-uns de vous se dévoueront et iront trouver l'ouvrier chez lui ? Est-ce que MM. Lorette, Doé, Brocard iront travailler dans les fabriques pour insinuer la vérité à l'oreille du travailleur ? Est-ce que ces très-honorables citoyens se déguiseront en ouvriers viveurs et iront boire le vin à *six*, pour faire de la propagande entre deux fioles ? Non ! Vous n'atteindrez donc pas alors le mal, vous ne lutterez pas sur son terrain avec le monstre qui vous fait si peur.

On accceptera vos livrets de caisse d'épargne, on allumera sa pipe avec vos journaux, on se rira de vous, et grâce à votre protection insuffisante et humiliante, il y aura dans six mois deux fois plus de socialistes qu'on n'en compte maintenant.

J'ai raisonné dans la supposition d'une guerre de bonne foi, entreprise contre le socialisme. Il est bien évident que si vous êtes tout simplement des royalistes, voulant démolir la République et assurer la candidature des *Blancs*, tout ce que je dis est inutile, et vous faites bien.

Mais, j'aime à penser qu'il y a bien aussi dans votre affaire une petite pointe d'horreur du socialisme, et, encore une fois, dans cette partie, vous échouerez, et je n'ai pas dit tous les motifs que vous avez de redouter un échec.

Alors, me direz-vous, comment t'y prendrais-tu, Souffrant, si tu voulais détruire les mauvaises doctrines, et séparer le bon grain de l'ivraie?

Comment je m'y prendrais? Je vous l'ai dit. Je ferais appel à tous les partis, aux hommes du *Propagateur* comme aux hommes de l'*Aube*; je tâcherais de ne pouvoir être suspecté d'autre chose que du désir de faire le bien ; je serais dévoué à la République, et je ne souffrirais pas qu'on put m'accuser de cacher une pensée politique dans une œuvre de bienfaisance, ni une cartouche dans un morceau de pain. Les républicains seuls peuvent faire de la propagande anti-socialiste, car seuls ils ont le droit de dire au peuple : « Nous voulons ton bien, puis« qu'en te préservant de l'excès démagogique, nous te « garantissons les institutions démocratiques, puisqu'en « repoussant ces expériences prématurées, nous admet« tons le progrès et la réforme graduée des abus. » Je voudrais pour combattre ce mauvais socialisme, entreprendre de faire le bon, et je me garderais de changer une question pareille en une affaire de coterie, d'aristocratie!

Voilà ce que je ferais. Mais il s'agit bien de moi! A quoi

penses-tu, pauvre Souffrant? toi qu'on vient de retrancher de la liste électorale, parce que tu n'as pas le bonheur d'être à Troyes depuis trois ans; toi que tes voisins regarderont peut-être comme un forçat libéré, puisque toi qui passes pour un *politiqueur* dans l'atelier, tu seras exclu du scrutin! Tais-toi, Souffrant, mon ami, ces messieurs ne te demandent rien. Ne t'avise pas non plus de leur demander quelque chose, tu serais bien reçu!

Je vous quitte, monsieur; surtout ne me faites pas savoir si les journaux se sont occupés de moi et m'ont tenu sur le tapis. Je serais peut-être tenté de leur répondre, et j'ai si peur du métier de journaliste!

SIXIÈME LETTRE.

Troyes, juillet 1850.

A Monsieur PÉTIT DE BANTEL, *préfet de l'Aube, protecteur de l'association anti-républicaine.*

Monsieur,

Vous m'excuserez de mettre la plume à la main pour vous écrire. Je suis assez fier de ma nature et j'aime à discuter avec les gens huppés. C'est peut-être un travers pour un homme de ma profession ; mais je ne sais pas s'il est beaucoup plus ridicule que celui qui faisait choisir des candidats ouvriers, des représentants ouvriers, en 1848, par des gens qui ne se soucient guères de l'atelier. Si le citoyen Henri Finot a échoué dans ce temps-là, ce n'est que par la faute des ouvriers seuls : tout ce qu'il y a de mieux et de plus cossu dans le département votait pour lui, à commencer par M. Gabriel de Vendeuvre qui n'a pas songé à faire à côté de lui une place aux ouvriers, dans la dernière élection !

Je suis donc vaniteux, et j'aime à penser que quand je vous verrai dans votre uniforme, avec vos décorations espagnoles et françaises, je pourrai me dire : j'ai écrit, moi, Jacques Souffrant, à ce bel habit brodé. Pendant un quart d'heure, M. le préfet m'a lu, m'a discuté intérieurement. Il est bien entendu que je n'ai pas l'outrecuidance de croire que vous me répondrez.

Nous sommes ainsi faits, nous autres gens du peuple. Un homme chamarré de n'importe quoi nous éblouit. Le comble de l'orgueil, c'est de pouvoir s'approcher de cet astre. Ce vieux tyran de la Suisse qui mettait son bonnet au bout d'une perche avait raison. On s'inclinait devant son panache avec autant de componction que devant lui-même ; il n'y avait, en moins, que ce qu'ajoute l'esprit du fonctionnaire à son costume, et quelquefois c'est si peu de chose que la différence n'est pas grande.

Je me hâte de dire qu'il n'en est pas ainsi dans ce cas particulier, et que c'est parce que j'ai la persuasion qu'il doit y avoir un homme dans votre habit que j'ai eu la fatuité de vous écrire.

Savez-vous, M. le préfet, que vous avez fait dimanche dernier un discours à remuer de fond en comble tout le département. On ne parle que de cela dans les ateliers et dans les cabarets. — Avez-vous entendu, disent les uns, quel courage ! quelle énergie ! à lui tout seul il pourfendrait au besoin l'armée des socialistes ! — Quel bonheur, disent les autres, pour la religion, pour la famille, pour la propriété ! M. le préfet a juré de nous révéler ces choses inconnues et de nous apprendre à les conserver. — Quel républicain ! reprennent les premiers, il a la République en si grande vénération, qu'il craint d'en profaner le nom en le jetant à la vile multitude.

Et après ces remarques de chacun, c'est un concert de louanges, dont je redoute pour vous le poison. Aussi, je viens me dévouer et vous prémunir contre ce chœur de flatteries, en vous soumettant d'ailleurs quelques craintes qui m'ont traversé l'esprit.

Il paraît que dans ce mémorable discours qui a électrisé les populations, vous avez dit qu'il ne fallait pas se fier au calme apparent, et que les *mauvais jours reviendraient*. Savez-vous, monsieur, que cette parole, dite par vous, a de quoi faire frémir. Car, enfin, vous n'êtes pas un de ces farceurs qui s'amusent à se déguiser en fantômes pour faire peur la nuit aux gens qui dorment. Vous êtes un homme sérieux, le premier magistrat du département. Vous êtes à même, par votre police, de savoir ce qui se passe ; vous avez pour mission d'assurer le repos et la prospérité du pays. Ce n'est donc pas vous qui vous plairiez à semer l'effroi gratuitement, à alarmer les intérêts industriels, agricoles, financiers; ce n'est pas vous qui, pour le sinistre plaisir de voir les brebis effarées accourir et se presser dans vos jambes, vous amuseriez à crier : au loup ! au loup !

Non ; vous êtes un honnête homme, un homme grave ; donc, je vous crois, donc je suis convaincu que les mauvais jours reviendront et qu'il faut astiquer son fusil ; mais alors, puisque vous savez comment ils doivent venir, ces mauvais jours, pourquoi ne pas les prévenir, ne pas les empêcher ? Quand ils éclateront, ce sera la ruine du commerce et la mort des ouvriers. On fermera les ateliers encore une fois. Pourquoi ne pas signaler à la justice les gens qui ont, en prévision de ces mauvais jours, amassé dans ce pays des arsenaux, des munitions, qui ont miné la préfecture pour la faire sauter, et qui ont probablement dressé des listes de proscription ; car évidemment, pour que votre langage soit si affirmatif, il faut que vous ayiez des faits de cette nature, de cette gravité à révéler. Révélez-les, monsieur le préfet, dans l'intérêt de l'ouvrage, qu'on ne nous donnera plus maintenant qu'à contre-cœur et en tremblant. Dites nous d'où et comment viendra l'orage ; qu'on puisse ouvrir son parapluie et attendre.

Jeter un mot comme celui-là, c'est mettre une inquiétude mortelle dans les esprits ; et comme cela n'a pas été votre intention, nul doute que vous ne vous hâtiez de dire ce que vous savez. Il m'en coûterait d'entendre traiter de canard et de réclame un si beau discours, si bien dit, par un préfet si bien décoré !

Voilà donc ma première question, passons à la seconde.

Vous avez dit que vous étiez envoyé par M. Baroche pour défendre la religion, la famille, la propriété. Il faut qu'à cet endroit je vous ouvre mon cœur et je vous avoue mon ignorance.

Jusqu'à présent je m'imaginais bêtement que les prêtres, avec leurs sermons, leurs bonnes œuvres, étaient d'assez bons défenseurs de la religion. Je croyais qu'il suffisait d'aimer sa femme, de la bien soigner, de ne pas la laisser caqueter dans le voisinage, ni faire de mauvaises connaissances, de bien élever ses mioches, de les envoyer à l'école, de donner l'exemple d'un bon père et d'un bon mari, pour bien défendre la famille.

J'avoue avoir eu encore la sottise de penser que la meilleure manière de garder la propriété, c'était de fermer soigneusement sa porte aux voleurs, aux filous, c'était de faire sentinelle autour de son bien et de ne pas permettre aux paresseux de prendre à la gamelle la part de celui qui travaille.

Mais votre discours annonce évidemment une nouvelle manière de défendre toutes ces choses. Car, si vous ne faites que ce que nous faisons tous, en honorant Dieu, en aimant notre femme, en gardant notre bien, ce n'est pas la peine de s'en vanter ; et s'il y a des gens assez imbéciles ou assez furieux pour vouloir nous faire cracher sur le bon Dieu et donner la moitié de nos femmes, les trois-quarts de nos enfants et une portion de notre bien, laissez faire M. le préfet ; nous nous passerons bien de vous et nous les recevrons bien !

Ah ça ! où donc avez-vous vu des gens parler de changer la religion ? Ce n'est pas à coup sûr dans le peuple, qui a de la piété, quoiqu'on en dise, et je mets en fait qu'il y a plus de gens en blouse qui vont à la messe que de gens en bottes vernies et en beaux habits. Parconséquent les ennemis de la religion, les impies, seraient plutôt en haut qu'en bas. Mais il n'y a nulle part de gens assez bêtes pour vouloir nous faire adorer un bon Dieu de nouvelle invention.

Où donc aussi avez-vous vu prêcher le mélange des femmes, l'amalgame des enfants et le pêle-mêle des vieux parents ?

Quant à la propriété, où donc a-t-on cherché à l'anéantir? Je vois plutôt des gens qui cherchent à l'augmenter que des gens qui veulent la supprimer.

N'ayez donc pas d'effroi et administrez le département sans vous soucier d'autre chose. Laissez faire les sermons à notre évêque, qui s'en acquitte bien et ne parle pas en chaire de défendre l'administration. Laissez-nous aimer nos femmes à notre manière ; c'est l'ancienne, c'est toujours la même, et bien malin serait celui qui changerait cette mode là. Quant à nos enfants, voyez-vous, ces gamins-là nous sont accrochés au cœur d'une si singulière façon, que les socialistes les plus fins ne nous les détacheront pas sans nous faire crier. Quant à la propriété, laissez-là se défendre par l'attrait qu'on a à la posséder, et ses plus grands ennemis sont l'Etat qui nous la rogne par les impôts, l'usure qui nous l'amoindrit, et les avocats qui trouvent toujours moyen de nous en grignoter un peu. Mais ce n'est ni l'Etat, ni les usuriers, ni les avocats que vous voulez combattre.

Ainsi donc, monsieur, permettez-moi de compter plutôt sur les services que vous pouvez rendre, en administrant, qu'en faisant une propagande inutile.

Vous avez ajouté, dit-on, que si personne à Troyes ne se levait pour défendre les trois objets dont j'ai parlé plus haut, vous seul combattriez. Je ne doute pas, monsieur, de votre courage pas plus qu'on ne pouvait douter de celui de l'illustre chevalier, dont j'aurais tant aimé à être l'écuyer. Don Quichotte, lui aussi, voulait combattre seul contre d'effroyables ennemis. Il combattit et fut moulu ; car il combattit des moulins à vent. Pensez à cette histoire, M. le préfet, et dites-nous comment vous vous y prendriez pour enfiler, à vous tout seul, dans votre flamberge, tant longue fut-elle, tous les socialistes que vous rencontreriez, dans le cas où le pays se refuserait à vous aider dans cette besogne. Samson tua quelques milliers de philistins avec une mâchoire d'âne ; mais vous n'êtes pas Samson, et en admettant même que l'association anti-socialiste vous offrit son concours et une arme, je ne vois pas trop ce que vous feriez.

Le brave maréchal Bugeaud, l'un des plus hyperboliques guerriers de ce temps-ci, parlait de prendre d'assaut Paris avec quatre hommes et un caporal; c'était déjà pas mal fort; mais vous, vous vous passez même de ce léger auxiliaire, et c'est avec une seule main que vous rosseriez toute l'armée des nouveaux barbares.

Je ne souhaite pas que le ciel vous donne jamais l'occasion d'entreprendre cette périlleuse expédition; mais le cas échéant, si vous la meniez à bonne fin, nous vous proclamerions le plus grand vainqueur de tous les temps. Les immortelles campagnes de Strasbourg et de Boulogne seraient dépassées, et cette jolie petite expédition de Foix, qui vous valut la bouderie des ministres jaloux de Louis-Philippe, ne serait absolument rien en comparaison.

Je ne vous ferai pas remarquer que cette fanfaronade est tant soit peu injurieuse pour le courage des Champenois, qui n'ont jamais laissé personne dans l'embarras, et que la besogne ne rebute pas. Ce n'est pas aux gens de ce pays-ci qu'il faut dire : — Je me passerai de vous. Le Champenois a encore son fusil rouillé et la fourche qui ont abattu les cosaques dans ses plaines, et si vous aviez vu en 1848, comme au moindre petit mot, tous ces braves amis se levaient, s'équipaient et accouraient, vous auriez compris que cette race-là n'a pas dégénéré. Est-ce qu'ils avaient besoin d'un préfet alors pour leur faire la leçon?

Je dois à la vérité d'ajouter que ce qui rendait l'intervention des premiers magistrats du département impossible alors, c'est que c'était précisément contre eux que l'expédition était dirigée, et que c'était eux-mêmes qu'on poussait à la porte. Ce précédent ne prouve d'ailleurs absolument rien : ce n'étaient pas de vrais préfets, ils n'avaient pas d'uniformes.

Vous le voyez, Monsieur, que de choses qui demandent à être expliquées dans votre beau discours! que de choses inintelligibles! et pourtant, quel beau discours!

Des camarades qui vous ont écouté, m'ont dit qu'après vous avoir entendu annoncer que vous feriez des cours de religion, de ménage et de droit possessif, ils s'attendaient à vous entendre dire quelque chose de ce bon gouvernement qui a réparé les torts de Louis-Philippe à votre égard, et qui vous a envoyé ici.

Mais il paraît que vous avez gardé à cet endroit un silence à la Talleyrand, de sorte qu'on ne sait pas trop de quoi vous êtes préfet. Un magistrat comme vous, est un fonctionnaire essentiellement politique. Or, nous vivons dans un temps de confusion qui nous rend fort perplexes à votre endroit.

Vous ne pouvez pas être un préfet royaliste. Ce serait immoral, et un défenseur de la religion doit dire la vérité. Un préfet royaliste serait dans ce temps-ci, ou un traître à la République, ou un ambitieux sacrifiant ses principes à une position.

Vous êtes peut-être préfet républicain ! mais c'est là encore bien invraisemblable. Les républicains sous la République, sont toujours dans l'opposition et jamais au pouvoir. D'ailleurs, vous vous seriez permis alors de crier vive la République, pour faire plaisir à ceux qui poussaient ce cri autour de vous, et vous avez gardé un silence calculé sur ce sujet.

Si vous êtes dévoué personnellement à M. Louis Bonaparte, mon Dieu ! nous vous l'eussions pardonné, et cela vous mettait bien en cour ; il ne fallait pas vous gêner et crier : Vive Napoléon ! ou autre chose d'analogue.

En somme, de quoi êtes-vous préfet ? J'ai entendu dire que M. Casimir Périer, qui n'est pas fâché d'avoir dans le département, où il sera encore candidat, des fonctionnaires de sa main, vous a fait choisir ; mais, M. Casimir Périer n'est pas un principe (beaucoup s'en faut) ni une dynastie. Je comprendrais donc alors votre embarras ; on ne peut pas crier devant la garde nationale réunie : Vive M. Casimir Périer. Après tout, encore, on s'est peut-être trompé, et ne connaissez-vous pas M. Périer.

Il est donc difficile de deviner ce que vous auriez pu crier, car on crie toujours quelque chose, après une revue. Peut-être le cri de Vive l'association anti-socialiste eut-il été à propos, après votre harangue. Mais ce cri eut été dangereux, et si votre intention a été de le proférer, vous fites bien de vous abstenir.

Convenez, toutefois, qu'il est bien embarrassant pour nous de savoir à quoi nous en tenir sur vos opinions politiques. Un moyen nous reste. M. Rouher a déclaré, avec l'approbation de M. Dupin, que la révolution de Février avait été une catastrophe. Ce mot est resté. Soit! qu'il reste; il satisfera tout le monde. Pour certaines gens, il exprimera ce qui a eu lieu, pour d'autres, et je suis de ce nombre, il s'appliquera à ce qui a suivi. La révolution de Février aura été pour les royalistes la catastrophe de la veille, et ils seront pour nous la catastrophe du lendemain.

Ainsi donc et c'est par cela que je terminerai. Puisque M. Rouher est ministre de la *catastrophe*, M. Louis Bonaparte est président de la *catastrophe*, et vous, monsieur, vous êtes préfet de la *catastrophe*. Ce titre vous sied-il? Ne craignez-vous pas qu'il ne rappelle le souvenir de la catastrophe de Foix à laquelle votre nom est si fatalement attaché?

J'aimerais beaucoup à avoir sur ce point et sur d'autres, votre avis sincère. Je clos cette longue lettre en vous priant d'excuser la hardiesse avec laquelle j'ai touché à votre bel habit; j'ai la conscience de vous avoir parlé avec la franchise d'un citoyen et le respect d'un administré. Cela suffira-t-il pour solliciter l'indulgence envers la prose, et un examen impartial envers les raisons de votre serviteur?

TROYES. — IMPRIMERIE DE CARDON.

SEPTIÈME LETTRE.

LES REPRÉSENTANTS EN VACANCES.

Monsieur,

Grande nouvelle ! nos représentants ont décidé que la chaleur étant très-forte, l'eau très-bonne pour les bains froids, l'herbe très-douce pour le sommeil sur le dos, les fruits en bonne disposition, le peuple assez bien tenu pour qu'il n'y ait pas de danger, en jouant autour, d'en être mordu, les vacances auraient lieu.

Dans un mois le département aura le bonheur de posséder ses représentants. L'association royaliste n'aura pus besoin d'envoyer quelquefois, le dimanche, chercher le mot d'ordre au château de Pont. L'illustre chatelain daignera visiter ses collaborateurs en tripotage électoral.

La garde nationale de Bourguignons astique ses fusils pour recevoir M. Blavoyer qui a promis de chanter encore la *Marseillaise*, qu'il a si bien entonnée une fois, devant ses concitoyens ébahis ; et comme on ne votera pas pendant les vacances, M. Blavoyer se réjouit de pouvoir sans remords, se livrer à tous les sauts de mouton, à toutes les parties de barre et de colin-maillard possibles, sans être obligé, pour esquiver les pensums, de tricher et de faire voter un voisin complaisant pour lui.

On ne nous dit pas si M. Husson profitera de cette circonstance pour venir remercier la garde nationale de l'épée que quelques-uns de ses amis lui ont donnée, et pour faire des adieux que la précipitation de son départ lui avait fait négliger il y a plus de dix-huit mois.

Quant à M. Gabriel de Vendeuvre, il viendra tout simplement se reposer des magnifiques discours qu'il a... entendus, des travaux multipliés .. auxquels il a assisté.

M. de Plancy, le seul de nos représentants qui n'ait pas fait serment de voter, de n'agir qu'au commandement d'une coterie, et que son bonapartisme n'a pas trop empêché d'être républicain, M. de Plancy viendra juger par lui-même du travail qui se fait dans ce pays, où on n'est pas napoléoniste, par exclusion de la République.

Quelle fête l'arrivée de nos honorables va faire pour les amis de l'association royaliste! Gala à 25 fr. par tête chez tous les gros bonnets ! gala chez le président du comité! gala à Troyes, gala à Pont, gala partout ! et quels toasts à l'extinction du socialisme et à la conservation de la religion... de ces messieurs, de la propriété... de ces messieurs et de la famille des susdits !

On profitera de ces bienheureuses vacances pour commencer sérieusement les travaux. Une petite tournée dans le département sera de rigueur. Chacun agira sur son arrondissement. Celui de Nogent est assez rétif, et à ce propos il faut que je vous glisse une anecdote dont je puis vous garantir l'authenticité.

Lors de la fameuse réunion de la Montée-St-Pierre, M. Casimir Périer était venu avec tous ses amis, c'est-à-dire avec deux ou trois voisins de Romilly et lieux environnants. L'un d'eux, M. L...., notaire, avait bien voulu, pour ne pas désobliger son illustre ami, faire partie du convoi ; mais il avait posé ses conditions.

— Je me doute bien (avait-il dit, ou à peu près), que ce n'est pas précisément pour assurer 1,500 fr. de rentes aux ouvriers, et faire aller plus de monde à l'église que vous manigancez cette association. Il y a de la politique là-dessous ; mais je vous avertis que si peu républicain que je sois, je tiens à la Constitution, et je veux bien vous donner mes 50 fr., à la condition qu'il sera convenu que la Constitution est hors d'atteinte.

M. Périer, constitutionnel renforcé, et qui dans la dernière session du conseil général en a donné cette touchante preuve que vous connaissez, M. Périer, rassura complétement à cet égard son ami, dont je rapporte les scrupules, sans garantir les paroles précises. Vous savez ce qui se fit ; on vint à Troyes. Une illustre compagnie ou les républicains et le peuple brillaient par leur absence, recueillit avidement les paroles de M. Périer, qui s'exprima dans ces termes cabalistiques : — Je ne vous dis rien ; vous me comprenez, signez, votez, et allez-vous-en !

M. L... trouva la harangue par trop diplomatique, et après la représentation, il vint dans la coulisse et dit à l'orateur : Eh bien ! et la Constitution dont on devait garantir l'inviolabilité ? vous n'en avez pas dit un seul mot !

— C'est vrai ! répondit M. Périer, mais c'était sous-entendu !

— Eh bien, alors, vous sous-entendrez mes 50 fr., répondit M. L..., je ne veux pas me mêler de quoi que ce soit qui puisse porter atteinte à la Constitution !

On se sépara, on se bouda, et l'association aurait perdu dans le canton de Romilly, un excellent appui, sans les ressources précieuses dont est doué M. Périer, la forte tête, l'homme ministre de la députation.

Il advint qu'à propos de la révision, M. Périer se trouva avec son ami le boudeur : Eh bien ! lui dit-il, vous m'en voulez-donc toujours ?

— Il m'en coûte, dit l'autre, mais vous ne me garantissez pas ma Constitution !

— Ah bah ! vous êtes trop méticuleux, venez dîner ce soir à Pont, nous causerons, et vous verrez que nous sommes faits pour nous entendre.

L'imprudent ami de la Constitution, qui n'en avait pas une assez robuste pour résister aux entraînements d'une vieille amitié, céda. Il alla à Pont dont les fourneaux flamboyaient. Le président de l'association était là, il avait planté le labarum de la religion, de la famille et de la propriété dans la salle à manger du château, si digne d'un banquet si moral !

Sous ces lambris, où on avait célébré si souvent des chasses heureuses contre les socialistes à quatre pattes qui broutent l'herbe et les feuilles du noble séjour, on but au succès de l'autre chasse qu'on allait entreprendre contre ces autres bêtes féroces à deux pieds, dont le département est infesté ; le néophyte fut catéchisé sur tous les points.

On lui infusa l'horreur du socialisme, on lui fit déguster l'excellence de la solidarité en question ; on lui découpa toutes les parties de l'affaire, et au dessert l'incrédule était devenu fanatique, il savait par cœur tous les statuts amphibologiques, il avait rendu son amitié à M. Périer, promis les 50 fr. et juré de faire de la propagande ; ce qu'il entreprit à la station même de Pont avant de monter en wagon.

Je vous garantis l'histoire. Je n'en ai pas les termes exacts ; mais rien dans les intentions n'est changé, et nul n'osera nier.

Or, ce qui s'est fait là était une parabole du messie champenois à ses disciples, et les banquets sont devenus un des plus puissants moyens stipulés pour cimenter l'harmonie, pour rattacher les indifférents et décider les incrédules. Dieu sait à quels sermons dinatoires la prorogation va donner lieu !

Jusqu'à présent l'œuvre a peu produit. Vous nous avez annoncé que la division s'y mettait ; que quelques-uns parlaient de démission ; que des vides s'étaient faits dans le comité. Quel malheur, bon Dieu ! Comment voudriez-vous que ces honorables qui ont voté l'impôt des boissons, le rétablissement de l'impôt du sel, l'augmentation du timbre de la poste, la mutilation du suffrage universel, l'abolition de la liberté de la presse, etc., etc., fussent renommés par le peuple qu'ils ont ainsi frappé, muselé, enchaîné, s'ils ne lui débitent pas leur onguent avec de petits livrets de caisse d'épargne !

Quel dommage, si ces beaux messieurs ne s'entendaient pas sur la meilleure manière de nous sauver ! Il est bien temps que la prorogation arrive, pour qu'un bon diner mette d'accord tous ces philantropes qui doivent distribuer leur miettes aux pauvres.

Il paraît qu'une fête se prépare pour l'arrivée de nos représentants. Un arc-de-triomphe doit leur être élevé auprès de l'embarcadère. On avait songé à mettre dessus en guise d'inscriptions, les principales parties des discours qu'auraient pu prononcer nos honorables, pendant la législature, en même temps que la liste des travaux auxquels ils auraient pu s'associer; mais la place a paru manquer. On se bornera à mettre leurs noms avec des auréoles flamboyantes, et à afficher quelques exemplaires du *Charivari*, le seul journal qui ait parlé jusqu'ici un peu longuement de la représentation de l'Aube.

Les cris séditieux, tels que vive la République et vive la Constitution, seront sévèrement prohibés ce jour-là. M. le préfet de la *catastrophe*, MM. les commissaires de police de la *catastrophe* ont des instructions sévères à cet égard.

On doit profiter de cette entrée triomphale pour inaugurer les travaux de l'association par un acte décisif en faveur des choses sacrées que la solidarité a juré de défendre.

Quelques-uns disent que des livrets de caisse d'épargne seront distribués à tous les propriétaires qui auront donné le meilleur exemple de conservation et d'augmentation de la propriété; moi, je crois qu'on couronnera des rosières. J'ai des raisons de penser qu'une commission a été nommée à cet effet, et que des recherches, des études, des travaux, ont commencé dans cette intention par les soins de membres dévoués. L'association ne saurait mieux en effet honorer la morale et la famille, et je ne doute pas qu'elle n'ait parmi ses membres toute l'expérience nécessaire pour une matière aussi délicate.

Quant à la religion, je ne sais pas trop qui se chargera de la représenter à cette fête; car, enfin, on peut être bon propriétaire, bon père de famille, sans être très-compétent sur les matières religieuses; mais probablement que selon l'ingénieux procédé de M. Périer, la Religion, de même que la Constitution et la République sera *sous-entendue*. Nous l'en féliciterons, elle sera en bonne compagnie.

J'ai appris qu'un farceur avait eu l'intention de se porter au devant du cortége, et de lire à M. Blavoyer sa profession de foi de 1848 ; mais la police a eu vent de ce projet ; c'eût été là un piége odieux, une insulte terrible ; et M. Blavoyer est assez peiné de n'avoir pas pu tenir ses promesses, sans qu'on vienne ainsi, à brûle-pourpoint, rouvrir ses blessures et augmenter ses remords.

Ce serait lui gâter ses vacances, les emplir d'amertume, et il se promet tant de plaisir, et il a si besoin de repos ! Ah ! si l'on pouvait se proroger indéfiniment ! Quel beau rêve pour ces Messieurs, et pour nous donc ? Sans compter l'économie.

J'apprends au moment, de clore ma lettre, qu'un journal de Paris intitulé le *Pouvoir* a été condamné pour injures envers l'Assemblée à 5,000 fr. d'amende. Je trouve le nom de ce journal bizarre, et puisqu'il s'appelle ainsi, c'est à trois millions que j'aurais voulu que le *Pouvoir* fut condamné, le chiffre juste de la dotation. Tant pis pour les journaux qui prennent des noms si ronflants.

Je ne voulais pas vous écrire et je vois que ma lettre s'allonge. Je suis inconséquent comme si j'étais payé pour cela à 25 fr. par jour. Pardonnez-moi et croyez que je suis pour deux mois encore votre dévoué.

HUITIÈME LETTRE.

A Monsieur **Casimir Périer**, *représentant de l'Aube, inventeur de la solidarité royaliste (brevetée sans garantie du gouvernement), protecteur des fonctionnaires bien pensants, auteur de l'article 4 de la loi contre la Presse, l'un des* vingt-cinq *factionnaires choisis pour garder à vue la Constitution et le président*, etc., etc., etc....

Monsieur,

Je n'en finirais pas d'énumérer tous vos titres. Je me borne à ceux que vous venez d'acquérir tout récemment, et permettez-moi de croire qu'ils suffisent pour votre renommée et pour notre édification.

C'est vous qui eûtes l'ingénieuse pensée de découvrir que votre réélection n'aurait de chances dans l'avenir que si vous preniez la précaution d'établir une société spécialement chargée de ce soin ; c'est vous qui imaginâtes pour enseigne, à cette entreprise de claqueurs brevetés et patentés, le lumineux drapeau que personne ne songe à attaquer et que, pour cette raison, notre nouveau préfet a juré si héroïquement de défendre.

C'est vous qui, saisi d'un amour subit pour la religion, la famille et la propriété, vous instituâtes le Pierre l'Ermite de cette nouvelle croisade, appelant sans doute auprès de vous tout ce que le département renferme d'hommes religieux par tempérament et par habitudes, de protecteurs des mœurs et de la pudeur, de gros propriétaires disposés à donner un peu de propriété, pour en inculquer l'amour, à tous ceux qui n'en ont pas.

C'est à vous que le département est redevable de cette association à deux fins, qui prétend faire nos affaires électorales dans ce monde et notre salut dans l'autre, admirable institution à laquelle il ne manque que de pouvoir établir le bon accord parmi ses membres, pour commencer à répandre l'harmonie partout !

C'est à vous que nous devons nos préfets, nos sous-préfets, bien heureux fonctionnaires qui n'ont pas eu d'examen difficile à passer, et auxquels il a suffi de croire en vous, pour que leur patriotisme, leur dévouement aux institutions fut jugé suffisant !

C'est vous encore qui, jaloux d'assurer la sincérité de la discussion, avez voulu que les chiquenaudes décochées sur votre auguste personne, ne fussent plus données par des mains gantées, et qui avez fait inscrire dans cette fameuse loi de la presse que tout le monde a votée, mais dont personne ne veut, ce mémorable article 4, qui dans deux mois me contraindra à vous donner mon adresse ou à me priver du plaisir de vous écrire.

C'est vous, qui auriez été tenté aussi pour assurer la loyauté, la probité des délibérations politiques, de faire inscrire dans le réglement de la chambre, une punition sévère contre les représentants absents qui font voter leurs voisins, et qui auriez voulu qu'on assimilât, selon le mot de M. Dupin, les auteurs et les complices de ces tricheries à des faussaires, si vous n'aviez préféré laisser la gloire de cette initiative à M. Blavoyer, le député puriste par excellence et toujours présent au vote.

Enfin (et j'en passe!) c'est vous qui venez, en raison de vos sentiments bien connus pour la Constitution, d'être chargé avec 24 autres de monter la garde autour de ce précieux trésor, et d'empêcher que quelque adorateur trop fougueux, ne commette sur elle des attentats que la pudeur proscrit ; votre continence à son endroit, le respect que vous avez pour elle et que vous poussez jusqu'à n'en parler jamais, le soin que vous prenez de sa santé et qui vous a porté à réclamer du dernier conseil général, le vœu d'un traitement orthopédique pour les difformités que votre ingénieuse tendresse avait seule aperçues; toutes ces considérations vous ont fait choisir, et c'est de cet honneur que je prétends vous féliciter, en même temps que du dîner auquel vous avez assisté ces jours-ci à l'Elysée, en compagnie de M. Gabriel de Vendeuvre.

Un dîner, même à l'Elysée, n'est certes pas pour votre estomac politique une chose dont il ait à s'enorgueillir. Vous en avez bien mangé d'autres, ma foi! Sans compter les refections dont le chateau de Pont a été le témoin, et qui n'ont pas été toutes d'une austérité de cénobite.

Mais il faut nous pardonner, à nous autres gens du peuple. Le dîner est un symbole comme l'habit brodé et les décorations, et nous sommes aussi fiers de savoir que vous avez passé à votre illustre boutonnière la serviette de M. Louis Bonaparte, que nous sommes glorieux d'avoir un préfet tout garni de belles décorations.

C'est donc avec un sentiment de vanité fort excusable que j'ai appris que vous aviez été manger la soupe de l'élu du 10 décembre. Je vous félicite des suppléments que la loi de dotation a dû ajouter à l'ordinaire de M. le Président. L'*Aube* nous a appris, dans le temps, que M. Louis Bonaparte avait d'excellent vin, et notamment un champagne authentique. Tant mieux pour vous, et tant mieux pour la vile multitude, dont le vin à six sous va gagner une douceur et une salubrité nouvelles à cette consolante pensée.

Je ne m'étonne pas que vous, ancien ami de M. Guizot, ancien partisan de ce bon et honnête M. Pritchard, vous ayez été invité à représenter la Champagne à la table du président de la République. La présence de M. Gabriel de Vendeuvre ne m'étonne pas non plus. Votre mutisme à l'un et à l'autre, à l'endroit de la République, vous désignait pour une si honorable invitation.

Quant à M. de Plancy, bonapartiste sincère, quelque peu républicain, il était bien juste qu'il fut exclu de la table d'un Bonaparte, et d'un président de la République.

M. Blavoyer, dont le nom ne figure décidement au *Moniteur* que par les votes émis pour lui, quand il n'y est pas, M. Blavoyer ne m'a pas semblé compris sur la liste des invités. Cela est encore fort juste. M. Blavoyer ne reconnait (il l'a dit) d'autre souveraineté que celle du peuple. Et ce n'est pas précisément celle-là que l'on convoite dans *les cuisines* de l'Elysée; c'est un socialiste qui dissimule avec assez d'habileté, mais enfin c'est un socialiste; ses professions de foi l'ont prouvé, et peut-être connait-on les professions de foi de votre collègue.

Quant au général Husson, il a, s'il faut en croire le *Charivari*, mis autrefois la main sur le collet de M. Louis Bonaparte, quand celui-ci allait répéter une pièce du cirque à Boulogne; et, bien que notre brave général soit revenu de ces sentiments assez vifs, sa présence, qui rappelle des échecs humiliants, serait, dans ce temps ci, de fort mauvais augure!

Vous avez donc, heureux représentants! quelle gloire pour le département! dîné face à face avec l'auguste seconde Providence qui couche à l'Elysée; permettez-moi de vous en complimenter.

Nous n'avons pas assez souvent l'occasion d'enregistrer les faits et gestes de nos représentants, pour que je dissimule ce triomphe.

Mais ce n'est pas tout, je lis dans mon journal qu'on vous a nommé, vous, vingt-cinquième, pour monter la garde à la porte du harem où nos libertés vont vivre en paix pendant la prorogation. Je ne sais pas si pour la garde de ces divinités politiques, on exige les mêmes conditions essentielles d'insensibilité que pour le sérail de sa hautesse; mais j'ose croire que si la Constitution est violée, ce ne sera pas par vous ni par les illustres mamamouchis que l'Assemblée a posés en sentinelle.

Veuillez pourtant m'expliquer un point assez confus dans tout ce qui se passe depuis quelque temps à l'Assemblée, à l'Elysée et ailleurs. Je n'ose pas espérer une réponse. Je sais votre profond dédain pour les journaux en général, et pour celui-ci en particulier ; mais peut-être sortirez-vous de dîner à l'Elysée, en recevant ma lettre, et je ne doute pas qu'on ne rapporte de ce séjour enchanteur des rêves couleur de rose.

Si donc, vous êtes dans un bon moment, daignez calmer mes inquiétudes. Je ne vous demande ni croix d'honneur, ni préfecture, ni sous-préfecture; cela vous sort un peu de vos habitudes, mais l'explication que je réclame, pour être un don moins éclatant est peut-être après tout plus difficile à accorder.

Dites-nous donc, mon cher monsieur, quelle consigne vous avez reçue, et ce qu'on médite contre cette pauvre Constitution dont la pudeur ne pouvait être mieux confiée qu'à vos chastes mains ? Pourquoi tout ce tintamare à propos de la nomination des vingt-cinq membres de la commission de permanence ? Est-ce que par hasard, les socialistes, ces monstres qui ne seront exterminés que par M. Petit de Bantel, quand cet illustre Malboroug s'en *ira-t-en guerre*, voudraient tenter quelque chose contre la Constitution ?

Mais non ; les socialistes sont en train de vider une explication avec les proscrits de Londres, et l'affaire paraît assez chaude. Qui donc alors donne des inquiétudes à ce sujet ?

J'entends dire partout que les nominations sont des nominations de défiance contre l'Elysée, et je n'ose croire à l'énormité d'un pareil propos. Car enfin s'il y a des gens dans les cuisines et dans les antichambres de ce palais qui ne soient pas fachés de reprendre certaines livrées, jetées aux défroques, depuis Waterloo ; il y a aussi, il y a surtout M. Louis Bonaparte qui a juré de respecter la Constitution, et qui s'est confessé publiquement des petites escapades de Strasbourg et de Boulogne. La défiance ne peut donc concerner en rien l'auguste prince.

Qui donc alors se permet de donner tout ce souci à cette bonne Assemblée dont les vacances vont être gâtées par cette pensée ? J'ai entendu dire qu'il y avait à Paris un faux Louis Bonaparte, avec un faux chapeau à plumes, un faux nez, et de faux amis, et que ce monsieur, très original, prenait plaisir à faire le lendemain le contraire de tout ce que le vrai, l'authentique, le bon Louis Bonaparte avait fait la veille.

Mais cela me paraît bien invraisemblable. Avec les yeux de M. Carlier et la haute intelligence de M. Changarnier, cette mascarade serait impossible. Il faut donc nous résigner à des suppositions pour lesquelles je réclame le concours de vos lumières.

On m'a dit qu'un journal, récemment condamné pour avoir traité d'une manière inconvenante l'Assemblée nationale, s'était permis de comparer la commission de permanence à certains médicaments que M. Purgon faisait et administrait lui-même. Outre que cette comparaison n'a pas le moindre fondement, je ne comprends pas qu'un journal qui s'appelle le *Pouvoir* traite ainsi en face un pouvoir de l'Etat. Et puis, diable! ne laissons pas aller nos suppositions de ce côté, car le *Pouvoir* a un nom scabreux, et il pourrait m'arriver en grattant ce titre d'égratigner quelqu'un par-dessous.

On ne parle aussi que d'un article du *Moniteur du soir*, journal dans lequel les cuisiniers de l'Elysée font quelquefois insérer des réclames sur les plats et les sauces qu'ils ont inventés ; s'il faut en croire cet article singulier, le choix des *Vingt-Cinq membres serait un défi jeté par l'Assemblée au président !*

Un défi ! et pourquoi ? à moins que ce ne soit pour le défier de garder la Constitution aussi bien que vous la garderez! *C'est une liste de provocation*, ajoute la même feuille, et se laissant aller à une verve qui ne peut être que le résultat d'une mauvaise digestion, le *Moniteur du soir* continue :

« *Depuis quelque temps, pas une question personnelle au Président, qui ne devienne pour l'Assemblée une occasion de lui témoigner sa malveillance.* C'est avec un regret évident qu'elle a voté la dotation ; c'est avec un empressement passsionné qu'elle a condamné le *Pouvoir*, dans la croyance qu'elle avait que cette condamnation passait sur la tête du gérant de ce journal pour porter plus haut. On dirait qu'elle se plaît à chercher, à *provoquer un éclat*, au risque de compromettre à ce jeu des partis le repos et l'avenir de notre malheureuse patrie.

« Un éclat ! nous en faisons juge le pays. Si le président imitait l'Assemblée, s'il apportait dans sa conduite envers elle autant de passion qu'elle en met dans son attitude envers lui, cet éclat ne se serait-il pas déjà produit, *ne se produirait-t-il pas demain* ? Qui pourrait le blâmer, de sentir assez vivement l'injure qui lui est faite, à lui, le *neveu de l'Empereur*, à lui, l'élu de six millions de citoyens, *pour se lever dans sa force et dans sa popularité contre les partis parlementaires* qui semblent se faire un jeu de braver l'opinion publique, en insultant celui qu'entourent les sympathies du peuple ?

« .... La France qui ne comprend rien à vos petits calculs et à vos petites passions, la France, qui a soif d'ordre et de sécurité, de travail, de bien-être et de repos, LA FRANCE N'ATTEND QU'UN MOT DU PRÉSIDENT. NE CRAIGNEZ-VOUS PAS QU'IL NE LE DISE ? Si vous croyez que le pays est derrière vous, c'est une étrange illusion dont vous ne tarderiez pas à être détrompés.

« ...... Que pourriez-vous répondre au président, à qui vous demandez d'adresser à l'Assemblée son message annuel, *s'il vous sommait* de lui dire ce que vous avez fait pour le peuple, vous, hommes de la gauche, qui ne savez rien faire que la parodie de 1793, et vous tous enfin, vous, homme de la droite, qui ne voulez que le rétablissement de vos priviléges, qui vous unissez aujourd'hui dans une pensée commune d'hostilité contre l'élu de la France ? ET QUE CROYEZ-VOUS QUE RÉPONDRAIENT LES SIX MILLIONS D'ÉLECTEURS QUI L'ONT NOMMÉ, S'IL LEUR DISAIT DEMAIN : « ENTRE LE PRÉSIDENT ET L'ASSEMBLÉE, CHOISISSEZ ! »

En voila un langage qui sent son dix-huit brumaire ! Je

ne connais d'aussi fier, d'aussi solennel dans un autre genre, mais d'aussi comique au fond, que le discours d'un certain préfet de votre connaissance.

Je vous en prie, monsieur, vous qui avez voté la dotation, qui, parconséquent n'êtes pas suspect aux gens qui se permettent de si singulières rodomontades, faites les taire, donnez leur un bon conseil, ou bien dites-nous quels sont ces gens, ce qu'ils veulent, et si nous devons astiquer nos fusils ou tirer nos sifflets.

Vous qui dînez chez le président, qui pouvez lui taper sur le ventre, et qui trinquez avec les amis des auteurs de ces écrits, dites-nous si c'est pour en arriver à ce beau résultat que vous avez prêché au 10 décembre pour l'ombre du petit chapeau? Que ne nous promettait-on pas alors? les impôts abolis, les 45 centimes rendus, la France libre, tranquille et un tantinet glorieuse!

Au lieu de cela, l'Assemblée a peur de sauter par les fenêtres; certaines gens de l'Elysée ont peur de sauter par la porte; nous autres, nous avons peur de sauter sur les barricades; et il n'y a absolument que les gens qui sautent pour tout le monde qui n'aient peur de rien!

Vous qui êtes d'un calme si parfait, rassurez-nous et expliquez nous le mot de cette comédie. Qui donc menace la Constitution que l'Assemblée vous choisit pour la défendre? Qui donc autorise certains journaux à menacer l'Assemblée des verges, si elle continue à ne pas vouloir céder la place? Encore une fois, ce n'est pas M. Louis Bonaparte; mais livrez-nous celui qui exploite son nom, le faux nez qui s'insinue derrière lui, pour le rendre responsable de ces dangereuses facéties.

Comment voulez-vous que l'atelier soit paisible, et que le pavé ne danse pas sur le sol, comme une dent sur sa gencive, quand on voit les querelles monter là-haut d'où ne doit descendre sur nous que la confiance, que l'exemple de l'union. Vous avez fait distribuer, lors de votre candidature, des sacs de pommes de terre aux gens de Romilly et autres lieux affamés de tubercules. Ce fut une belle action ; mais qui ne serait rien en comparaison de celle que je réclame. Rassurez-nous ! expliquez-nous la situation ! Pourquoi et à propos de quoi, si tout le monde veut le maintien de ce qui est, se chamaille-t-on là-haut ? et si quelqu'un veut attenter à ce qui est, de quel côté est le traître ? Dites-nous-le, ô vous qui ne vous avez jamais rien dit !

Car, il faut vous l'avouer, on commence à trouver ici que vos 25 fr. par jour ne vous délient guères la langue. Dans vos professions de foi, vous n'avez rien dit ; à l'Assemblée vous n'avez rien dit ; dans la séance d'inauguration de la solidarité royaliste, vous avez dit que vous n'aviez rien à dire ; vous avez sous-entendu la Constitution. Que diable ! à la fin, surmontez votre timidité, et dites-nous quelque chose, parce qu'on serait tenté de croire que vous n'en pensez pas plus.

Dites-nous si la Constitution est bien décidément en sûreté, et on vous permettra de venir ensuite lui chercher, au conseil-général, de ces petites querelles innocentes qui font rire, mais ne font pas de mal, du moins à la République.

Je vous avertis qu'un certain système de dénigrement s'acclimate dans ce pays. On doute de tout ! On doute de l'efficacité de l'association royaliste, à laquelle on n'attribue d'esprit que celui qui se débite chez M. Vincent le liquoriste ! On doute de votre républicanisme ! On doute du socialisme de M. Blavoyer ! On doute que ce dernier soit à l'Assemblée, quand le *Moniteur* nous apporte son nom ! On doute des fonctionnaires que vous nous choisissez ! On doute des discours que vous leur faites prononcer ! On va jusqu'à dire que certains fonctionnaires importants ont été l'objet autrefois de demandes en interdiction pour faiblesse intellectuelle (ce qui, je n'en doute pas, est une abominable calomnie). On doute de vous ! Eh bien ! arrêtez le progrès du dénigrement général.

Vous, monsieur, la vingt-cinquième providence de la France, pendant deux mois, chargée de faire faction à la porte des autres providences d'un ordre plus élevé ; vous qui avez fait et défait des préfets ; vous qui avez institué cette solidarité *philantropique*, mais non *philarmonique*, dans laquelle on a eu tort d'espérer la concorde, en la faisant présider par un avoué, et en y admettant des avocats ; vous que les gros ventres et les fortes têtes du royalisme vont consulter les dimanches à votre table seigneuriale de Pont ; vous qui êtes représentant et qui désirez le rester, dites-nous enfin ce que vous ne nous avez jamais dit !

Que veut-on là-bas où vous êtes ? Que voulez-vous vous même ? Ne sous-entendez rien cette fois, et croyez que ce nous sera un grand plaisir d'apprendre que vous faites de bons dîners à l'Elysée, quand nous saurons que la digestion de ces illustres repas ne trouble point votre foi républicaine et que vous n'êtes pas prêt à troquer la Constitution contre un plat truffé.

Pardonnez cette longue lettre, d'autant plus choquante qu'elle s'adresse à un personnage assez muet d'habitude ; mais ne consultez que l'intention, et satisfaites la curiosité patriotique de votre très-humble, très-respectueux serviteur.

TROYES. — IMPRIMERIE DE CARDON.

NEUVIÈME LETTRE.

LES SOCIALISTES.

Troyes, 2 août.

A Jean Simplet, *adjoint au maire de.....*

Mon vieux camarade,

Ta lettre m'a fait plaisir: les nouvelles que tu me donnes de ta femme qui vient de t'enrichir d'un sixième garçon; de ta belle vache rousse qui t'a donné le veau qu'elle te promettait depuis si longtemps, tout ce que tu me dis enfin de la prospérité de tes affaires m'a profondément réjoui.

Tu es heureux, toi ! te voilà adjoint de ta commune, tu viens le samedi vendre du blé à toi, tu es marguillier, et comme tu as du domicile, tu es électeur. Tu t'arrondis et tu t'installes sur la terre et sous le beau ciel du bon Dieu, que nous voyons si rarement et si mal, nous autres de la ville et de l'atelier.

Je te l'avoue; le tableau de ta nichée m'a remué de singulières idées dans le cœur ; il m'a semblé que ta lettre sentait le foin, et je n'ai pas pu travailler de la journée ; mon coton me puait, les machines qui fonctionnent sous mes yeux dans la fabrique, et que j'admire parfois, me semblaient insipides avec leur bruit, et je voyais, devant mes yeux ta charrue marcher, tes bœufs souffler, tes poules caqueter, ta femme battre le beurre, tes enfants battre les chiens, et les canards battre l'eau de ta mare.

Tu es heureux, tu es bien heureux, et je ne sais pas pourquoi tu veux gâter tout ce bonheur-là en faisant de la politique. Tu me dis que tu as vu une de mes lettres dans un journal que t'a prêté M. le curé. Je te remercie de ce que tu m'ajoutes de flatteur, mais préviens ton curé de ma part qu'il ne lise plus le *Propagateur*; il passerait pour un rouge, absolument comme notre brave évêque, auquel on reproche d'avoir été nommé par Cavaignac. Dis à cet honnête homme de prêtre qu'il y a une petite feuille intitulée la *Paix*, spécialement destinée aux sacristies, et à ceux qui veulent vivre en bonne intelligence avec toutes les petites coteries, qu'il s'abonne à ce journal, sans prendre bien entendu, l'obligation de le lire, et alors il pourra, sans crainte, lire ensuite le *Propagateur* que je t'enverrai.

Tu dis que je dois être fier du bruit que font mes lettres. Non; mais je suis content comme d'un devoir accompli, et je ris d'ailleurs dans ma barbe du tourment que se donnent certains curieux, pour constater mon identité. Le journal dont je viens de te parler n'a-t-il pas découvert que j'étais un être en trois personnes : représentant déchu! préfet dégommé! journaliste en disponibilité! Ce farceur de journal ne dit-il pas que mon nom est un passe-partout dont chacun se sert tour-à-tour. Quand tout s'éclaircira, il y aura bien des gens mystifiés!

Tu me demandes si je suis socialiste, s'il suffit d'être républicain, et si toi, qui crois seulement à la Constitution, tu n'es pas un arriéré. Tu as reçu des prospectus de débitants de socialisme, et tu me fais l'amitié de réclamer mon avis là dessus.

Je vais te parler, mon brave garçon, avec franchise, comme je me parle à moi-même, quand je colloque avec ma conscience. Je n'ai de haine contre personne ; ce n'est donc pas pour t'animer contre ceux-ci ou contre ceux-là que je t'écris. Il y a de braves gens parmi les rouges tout comme parmi les blancs ; il s'y trouve aussi bien entendu des fanatiques, des ignorants, et, dam! comme partout, dans la quantité, des imbéciles.

Ce n'est donc pas des hommes que nous allons nous

occuper; mais des choses qui font mouvoir les hommes.

T'es-tu demandé quelquefois ce que c'était que la République? Tu comprends bien que dénicher un coq, pour mettre autre chose sur son perchoir, que jeter le mobilier des Tuileries par les fenêtres pour meubler ensuite l'Elysée; ce n'est pas là une révolution, et cela ne vaudrait pas la peine de se déranger. Dieu qui permet que les peuples s'expliquent parfois à coups de canons et de pavés, n'a pas entendu que le sang répandu, le fût uniquement pour destituer quelques fonctionnaires entêtés, et pour en mettre d'autres à la place qui seront aussi entêtés un jour.

Chaque remueménage doit avoir pour le peuple un avantage. 1830 a été quelque chose de plus que 1789. 1848 a été une amélioration sur les résultats de 1830. La République doit donc être un progrés sur la monarchie; mais le progrès, ce n'est pas seulement un changement politique, c'est aussi un changement social; donc la révolution de 1848 a été une révolution sociale.

Sur ce point, tous les gens de bonne foi sont d'accord. Chaque fois que le vieux Juif-Errant se lève et franchit une barricade de pavés, en y laissant un peu de son sang, c'est qu'il a fait une étape. L'homme n'est pas une toupie que Dieu fouette pour le faire tourner sur lui-même; c'est, comme l'on dirait une navette qui va et vient, qui avance et qui recule, mais qui, au bout du compte, fait peu à peu la toile. La navette a été lancée à gauche, le 24 février, avec le fil, elle a reculé plus tard à droite; mais si l'on mesurait, on verrait que pendant ce temps-là la pièce a gagné.

Il faut donc croire, mon brave ami, que la révolution, la dernière, doit profiter au peuple. Toute la question est de savoir s'il suffit de retourner le plat pour que les alouettes y tombent toutes rôties, et s'il ne faut pas donner le temps à la broche de faire son office. On a proclamé en Février un principe; on a formulé plus nettement qu'on ne l'avait fait jusque là, une vérité, la vérité démocratique. La souveraineté du peuple a été proclamée, consacrée. C'est là une révolution sociale.

Quelles doivent être les conséquences? Faut-il que tout à coup, du jour au lendemain, toute la société soit changée pour être en parfaite harmonie avec l'idée nouvelle? Faut-il au contraire attendre que peu à peu l'expérience et l'étude développent les germes et fassent sortir du principe tout ce qu'il doit produire?

Moi, je suis de ce dernier avis, et certaines gens qui se croient plus socialistes, parce qu'ils sont plus impatients, sont d'un avis contraire. Comprends bien ma comparaison : Quand tu as ouvert ton champ avec la charrue, tu mets du fumier, tu sèmes et tu attends que l'épi murisse ; mais si tu voulais que le lendemain du jour où tu l'as remué, ton champ fut vert, on dirait que tu veux faire des miracles, et on te traiterait de fou.

Quand tes enfants attendent impatiemment une heure quelconque, ils viennent quelquefois tirer le poids de ton horloge, et s'imaginent, parce que la sonnerie est plus fréquente, que le temps marche en réalité. Tes marmots ont désorganisé l'horloge, tu leur donnes le fouet et tout est dit. Eh bien ! certaines personnes ne veulent pas attendre les années, et s'imaginent qu'il est dans leur pouvoir de les faire avancer. Ces présomptueux veulent la moisson avec la semaille, et s'irritent quand on cherche à leur démontrer la vanité et les dangers de leur impatience.

Qui dit républicain, dit socialiste gouvernemental, homme dévoué au progrès, aux institutions démocratiques, mais soumettant l'enfantement des idées à la nécessité de la gestation. Sous une république démocratique, qui s'installe à peine et dont les tendances démocratiques rencontrent des obstacles, vouloir ajouter un mot, quelque chose de plus, c'est créer une difficulté, c'est augmenter les traverses, les périls.

La Constitution ouvre la carrière à toutes les réformes,

réforme de l'impôt, réforme de l'enseignement, réforme administrative. Prétendre ajouter à la Constitution, c'est lui porter atteinte, c'est la démolir ; là où il y a des républicains démocrates, il n'y a pas besoin de socialistes. Ceux-ci sont compris dans ceux-là ; et ceux qui tiendraient à ajouter ce dernier titre à l'autre, proclameraient par là la nécessité d'une révolution nouvelle, entée sur une révolution inachevée : ce serait la confusion.

Je sais bien que des gens diront que ceci de ma part est de la réaction. Ne les écoute pas ! Je crois à la République comme eux, je crois à la nécessité de réformes sociales, comme eux, mais je crois aussi au temps et aux obligations du travail et de l'expérience.

Qu'est-ce qu'un républicain constitutionnel refuse au peuple? Rien ; seulement il ne lui promet que ce qu'il peut lui donner, et lui donne tout ce qu'il lui promet. Les socialistes purs ne sont pas d'accord sur ce qu'ils promettent, et en voulant tout renouveler, ne savent pas trop comment commencer.

Pour avoir la prétention de changer le monde du jour au lendemain, il faut être bon Dieu. Jésus-Christ l'a été, et il a fait cette révolution. Mais aujourd'hui où est le Christ des socialistes? A quel signe reconnaîtrons-nous que nous devons croire un homme sur parole? Quand cinq ou six philosophes d'opinions différentes viennent proposer chacun une solution, auquel d'entre eux l'humanité doit-elle s'adjuger? A qui dira-t-elle : toi seul es dans le vrai ; je m'abandonne à toi, fais de moi ce que tu voudras ! — Si celui-là la trompe, si celui-là s'abuse lui-même, s'il n'est qu'un illuminé ou qu'un charlatan, comment sortir de l'ornière dans laquelle elle sera tombée?

Non ; sois républicain ! Crois, comme au bon Dieu, à la liberté et au progrès ; aime ton pays, comme tu aimes ta femme, et le peuple, comme tu aimes tes enfants. Dis-toi que tout n'est pas pour le mieux dans ce bas-monde ; que le mal y domine ; qu'il est injuste que l'impôt du sang soit payé par les pauvres pour les riches ; que le travailleur ne doit pas être exploité éternellement par l'usurier ; que le vin que tu bois pour réparer tes forces, que l'air que tu respires, ne doivent pas être mesurés par le fisc ; qu'il n'est pas juste que tes fils qui ont peut-être de l'étoffe pour être préfets ou représentants, soient condamnés à l'ignorance, parceque tu es pauvre. Dis-toi que tu es autant dans la justice de Dieu et dans l'équilibre du monde que le plus riche. Dis-toi que ton maître qui est propriétaire d'un château, mais qui est bête, ne vaut pas plus que toi, son adjoint un peu dégourdi. Dis-toi toutes ces choses que le cœur indique, que la raison approuve, et que l'Evangile consacre ; mais ajoute que tout sera réformé petit à petit, avec le temps ! C'est assez, c'est tout pour le moment que d'avoir, par un gouvernement démocratique, assuré la possibilité de ces reformes et des études qu'elles nécessiteront. On n'a pas fait Paris dans un jour, et Dieu lui-même, pour nous laisser un exemple, a mis sept jours à faire le monde, qu'il pouvait bien faire, après tout, en sept minutes.

Sois républicain ! car cela veut dire : Liberté, Egalité ; sois démocrate, car cela veut dire : Fraternité ; et montre tes bras noircis, tes outils ébréchés, et ton champ travaillé, à ceux qui voudront te parler de rénovation sociale instantanée. Le fruit de la terre s'obtient à la sueur du front; le fruit de la vérité est aussi difficile, aussi douloureux à arracher.

Sois républicain, parce que cela suffit, et si des insensés s'échauffant et s'impatientant des résistances, te parlaient avec de la colère dans lavoix ; si l'on voulait mettre dans ton cœur des sentiments haineux contre les riches, contre les privilégiés, contre ceux que le temps et la raison doivent seuls ramener à l'égalité ; ferme ta porte à ces conseillers impies, à ceux qui ne savent pas être républicains, puisqu'ils ne savent ni attendre ni aimer. Les inégalités sociales sont des infirmités, mais ne sont pas des crimes volontaires. La génération actuelle a hérité des droits d'une usurpation qui date de plusieurs siècles, mais elle ne les a pas créés ; ce n'est donc pas à ses intentions qu'il faut s'en prendre. Renverser la marmite des autres ; c'est d'ailleurs un mauvais moyen de faire respecter la sienne.

J'ai lu à l'école une fable sur le soleil et le vent. Le vent soufflait, faisait rage, et ne pouvait parvenir à enlever un seul bouton du vêtement d'un voyageur. Le soleil parut, et, tout doucement, força celui-ci à se dépouiller. Comprends-tu, l'apologue ? N'arrachons rien, mais fondons la glace qui couvre certaines poitrines. Nous sommes les plus forts ; soyons les plus sages et les plus patients.

Le socialisme ne doit pas être un moyen de révolution ; c'est comme un arrosoir qui féconde des germes, ce ne doit pas être un épieu. Les socialistes qui parlent à chaque instant de bouleverser, me font l'effet de nos gamins quand ils plantent des bouquets : ils viennent tous les jours déterrer la racine pour l'examiner et voir si elle grossit. Soyons plus sages que nos enfants ; et tant que nous aurons dans nos institutions le suffrage universel, le principe de la souveraineté populaire, nous serons certains de l'avenir ; tôt ou tard les conséquences découleront de ce principe.

As-tu compris ? je l'espère. Ce n'est pas par haine, par envie contre qui que ce soit, que je te parle. J'ai voulu te renseigner sur les inconvénients de l'impatience, voilà tout.

Quant à ceux qui veulent retourner en arrière, je les considère comme aussi imprévoyants et comme plus dangereux. Tiens-toi donc ferme dans ce qui existe ; et si tu es républicain constitutionnel, tu es assez fort pour ne pas redouter les excès du socialisme, sans recourir au patronage de ces coteries, qui, comme l'association de l'Aube parlent de la religion, de la famille, de la propriété que personne ne menace, pour cacher sous ces prétextes leurs petites intrigues royalistes.

Adieu, mon brave ami, embrasse ta femme de la part de la mienne, et garde moi derrière tes fagots une bouteille de ton pinot de Villery, que j'irai boire au baptême de ton dernier.

Parle-moi encore surtout de tes travaux, de tes blés, de tes foins, de tes bestiaux ; tes lettres, à moi pauvre enfermé dans l'huile et le coton, tes lettres me sentent bon comme une brise. On se plaint que l'homme est mauvais, ah ! mon pauvre Jean, c'est qu'on lui cache la nature. Rien n'aigrit le caractère et n'échauffe le sang, comme de ne pas voir souvent le soleil et de ne respirer que l'air des fabriques.

Je sais cela moi. On devrait mettre de temps en temps les hommes au vert, comme on y met les chevaux ; cela les sauverait de bien des fautes, de se retremper dans les champs et de dormir dans la nature du bon Dieu !

Je ne t'ai pourtant rien dit de triste, je ne t'ai pas raconté mes chagrins ; eh bien pourtant, le croirais-tu ? je me sens tout ému en finissant ; je crois, Dieu me pardonne, qu'une goutte vient de tomber entre mes doigts sur la page.

C'est qu'il doit faire bien bon près de toi, et que je pense à ta belle vache rousse, dont le lait vaudrait mieux à mon dernier que le sein de ma pauvre pâlotte de femme !

DIXIÈME LETTRE.

LES PROVOCATEURS DU PEUPLE.

Troyes, 9 août.

Monsieur,

Ah! que c'est une chose embarrassante que la conscience, et que certains écrivains de la presse royaliste qui se sont mis des pièces de cinq francs à la place du cœur ont eu raison! Comme ces gaillards sont heureux! Ils peuvent, sans que leur épiderme en frémisse, se rouler à plat ventre dans les endroits malpropres, et quand ils rencontrent des adversaires, ils n'ont aucun souci de leur jeter de la fange au visage et de salir ceux qu'ils ne peuvent convaincre.

Je me suis avisé d'écrire à mon ami Simplet, dans toute la franchise de mon cœur, mes idées sur le socialisme. J'ai voulu lui prouver que la Révolution de 1848 ayant été une révolution sociale, il suffisait d'être républicain et de défendre la Constitution de 1848 pour satisfaire aux réformes nécessitées par le temps. J'ai dit cela et d'autres choses que je sentais; j'ai regretté que l'ouvrier de la ville n'eut pas autour de lui, comme l'ouvrier des champs, cette belle nature du bon Dieu, qui conseille et qui fortifie. J'ai aussi, je crois, parlé d'union, d'amour, de patience.

Il parait que ce langage modéré ne va pas aux modérés, et que quand un ouvrier parle de progrès pacifique, de réconciliation et d'oubli, cela produit sur les nerfs de certains réactionnaires l'effet de la musique sur les chats. Cela les rend furieux; ils grognent, ils égratignent, ils sautent aux yeux, ils tombent dans des convulsions qui révoltent le cœur.

Ah çà ! est-ce que ces bonnes gens voudraient toujours entendre des blasphèmes sortir de la bouche du peuple ? Est-ce que la violence et la fureur les accomoderaient mieux de notre part ? Est-ce qu'ils désireraient avoir toujours un prétexte pour nous donner des coups de fusil ? dam ! on le croirait.

Il est convenu que le fin fond de la grande politique consiste à dénaturer les paroles de ses adversaires, et que pour être un homme fort habile, il faut être un grand menteur. Soit ; s'arrange qui voudra de ce système. Quant à nous, soyons des imbéciles, mais soyons des honnêtes gens ; et quand il nous arrivera de marcher sur une de ces vessies de fiel et de boue, qui sont la gloire et qui seront la perte de certains réactionnaires, envoyons nos habits chez le dégraisseur, et ne nous amusons pas, comme le brave Don Quichotte, à pourfendre ces insensibles vessies, qui ne ripostent jamais que par l'infection.

C'est mon pauvre Simplet qui sera bien étonné d'apprendre qu'un faussaire a pris sa place, et qu'on m'a répondu sous son nom ! Le pauvre ami ne connaît guères les habitudes des gens honnêtes et modérés ; il ne sait pas que chez ces braves personnes, cette façon d'agir est fort bien vue, et qu'un représentant qui fait voter ses voisins pour lui, reçoit l'absolution de son curé, ni plus ni moins que si ce n'était pas là une action plus que déloyale !

Donc, j'ai été vilipendé, insulté, frotté dans la boue ; moi qui demandais de la patience, de l'union, du travail, on m'a répondu que j'étais un chenapan, un vaurien, un ivrogne, un assassin !

On s'est moqué de mes douleurs, de mon goût pour les champs ; je suis un jaloux, un envieux, je veux incendier mon patron, etc.

Je sais bien monsieur, que si je m'étais permis le quart des infamies que l'organe des modérés s'est permises envers moi, j'aurais été accusé et peut-être convaincu de provoquer à la haine et au mépris des citoyens entre eux ; je sais bien que nous traiter de voleurs, de gredins, d'incendiaires, cela s'appelle mettre les républicains à leur place, et que les magistrats de la République ne se trouvent pas chatouillés par ces orties, dont on caresse le menton des défenseurs de la Constitution ; je sais bien que tout est pour le mieux, et que je dois tenir en bride mon indignation et mon mépris; mais alors, monsieur, vous en conviendrez avec moi, quand on nous enlève le droit d'appeler menteurs et lâches les défenseurs de la religion, de la famille et de la propriété qui nous traitent ainsi, il faudrait nous enlever la conscience, et faire que rien ne se révolte, ne s'indigne en nous.

Si j'avais le temps, si je pouvais feuilleter les journaux depuis le 24 Février, je vous montrerais que les vrais, les seuls provocateurs ne sont pas parmi les gens en blouse ; mais parmi ces beaux messieurs si muets, si pâles, si suant de peur, le jour de notre puissance, si insolents, si dédaigneux, si tyranniques le lendemain de notre confiscation.

Quand la révolution de 1848 a mis face à face sur le pavé le savetier et le financier, quand le vent qui balayait les cendres du vieux fauteuil des Tuileries portait le cri de la *Marseillaise* aux quatre coins de la France et de l'Europe. Qu'est-il arrivé? Est-ce que nous, les envieux, les jaloux, les chanapans, comme on nous appelle, nous nous sommes précipités sur les biens, sur les personnes? Est-ce que nous avons tué, pillé? Est-ce que nous n'avons pas applaudi à l'abolition de la peine de mort, qui n'a été maintenue que pour les voleurs? Est-ce que nous n'avons pas respecté la religion? Est-ce que le plus faible n'a pas eu sa liberté comme le plus fort?

Le beau mérite! direz-vous, vous vous faites une gloire de ce que vous n'avez pas été des abominables pillards!

Non. Le peuple ne se fait pas gloire de sa générosité; il a été ainsi, tout simplement, sans effort, sans calcul ; mais il a le droit de rappeler sa magnanimité quand il s'entend traiter de bandit et de voleur.

Qui donc le lendemain de Février a commencé à exciter le peuple? Qui donc lui a dit : la République va vous ruiner! prenez garde ! C'est le règne des partageux ! à bas les 45 centimes ! on va détruire la religion, la famille, la propriété !

Qui donc a dit toutes ces choses et d'autres encore que le peuple parfois a recueillies,écoutées, et qui l'ont poussé à des folies dont vous lui faites des crimes, calomniateurs éternels , renégats effrontés ?

Tenez ! je viens de parler des 45 centimes et c'est fort à propos, puisque M. Garnier-Pagès, l'inventeur de cette mesure, est en ce moment à Troyes, où il est accueilli et fêté, comme ne le seront pas nos représentants, quand ils vont venir se reposer des travaux de leurs voisins.

Le lendemain de Février, on s'aperçoit que la caisse est vide. Le gouvernement provisoire n'a pas encore eu le temps de manger les millions qui manquent; il faut bien admettre que le déficit est une plaisanterie de la monarchie ; mais déjà les mauvais bruits circulent ; on parle de la banqueroute ! on s'alarme ! que faire? que devenir? M. Goudchaux a peur et quitte la place; M. Garnier-Pagès, avec la résolution froide d'un honnête homme, se présente il accepte la responsabilité de cet effrayant problême, et il se dévoue à l'impopularité pour sauver la France.

Où étaient alors les conseillers, les sauveurs, les fortes têtes de la monarchie? Tous ces héros qui ont inventé le mensonge de la fuite de M. Ledru-Rollin, par un vasistas, étaient enterrés, déguisés, calfeutrés ; ils n'avaient pas eu à fuir, eux qui n'avaient pas même affronté le péril. A Paris,comme à Troyes, comme partout, ces braillards éprouvaient les symptômes d'un choléra, dont ils ont parfois des réminiscencess. Pas un, alors, qui songeât au pouvoir; parce qu'il n'y avait dans ces régions que du péril à braver et qu'un ministre de l'intérieur ou des finances n'était pas parfaitement sûr de coucher le soir chez lui.

Dans cet instant de crise terrible, qui donc donna un bon avis ? les banquiers ? Ils venaient pleurer et réclamer la banqueroute. Les conseils les plus odieux, les plus révolutionnaires émanaient de ces champions futurs de la morale, et si M. Garnier-Pagès eut fait le quart de ce qu'on réclamait de lui, le commerce était mortellement atteint, la France était perdue. Au lieu de décréter un impôt sur les riches, au lieu de créer le papier-monnaie, au lieu de suspendre tous les paiements, le ministre crée les 45 cent. et rend un décret qui enjoint aux percepteurs, aux conseillers municipaux, de ne les faire peser que sur les gens aisés et d'affranchir tous les pauvres.

Le peuple ne dit rien, lui qui avait mis trois mois de crédit à la disposition du pouvoir, il paie sans se plaindre.

L'impôt se perçoit, largent revient, les relations reprennent. On prélève dans toutes les villes sur cet impôt pour fonder les caisses d'escompte. Les centres industriels sont sauvés, et la République se fonde; et quand tout est calme, quand l'impôt perçu sans murmures est dans les coffres, les royalistes poussent leurs clameurs et excitent le peuple contre cette mesure qui les a tous sauvés!

Les 45 centimes ont été un moyen de provocation, et pourtant il n'est pas un seul des hommes d'Etat du parti réactionnaire qui n'avoue intérieurement l'utilité, l'indispensabilité de cette mesure!

Au 10 décembre, que n'ont-ils pas dit contre ces pauvres 45 centimes? On devait les rembourser! Eh bien! pourquoi ne les remboursez-vous pas? Est-ce que, vous qui avez fait de cet impôt une machine de guerre, vous avez trouvé le moyen de diminuer les impôts? Et l'impôt des boissons? et l'impôt du sel? et l'impôt sur la presse? Sont-ce les républicains du gouvernement provisoire qui les ont institués?

Vous le voyez donc bien, tout est bon à ces hommes pour provoquer. N'ont-ils pas eu recours à ces choses trois fois saintes, à la religion, à la famille, à la propriété? N'ont-ils pas dit que la religion était menacée, quand jamais elle ne fut plus libre, plus honorée, et quand pas un vaurien, pas un chenapan, n'aurait voulu planter un arbre de la liberté sans le faire bénir par un prêtre?

N'ont-ils pas dit que la famille était menacée ; n'ont-ils pas dit que la propriété courait des risques ? Et sans prouver ces assertions, sans pouvoir justifier ces craintes, ils ont diffamé et provoqué sans cesse !

Les révolutionnaires ne sont pas sous la blouse, ils sont à l'heure qu'il est, sous l'habit, révolutionnaires sans courage, qu'on voit la veille et le lendemain de la lutte, qui sont de tous les partages et qui ne sont d'aucun combat, éternels tyrans du peuple, qui l'exploitent par l'usure et l'intrigue, quand il est soumis, et qui l'envoient à la gueule des canons, quand il se soulève contre cette humiliante domination.

Eh bien, monsieur, le peuple a plus d'amour, de loyauté, de courage, à opposer à ces hommes, qu'ils n'ont de haine, de perfidie et de mensonge. Le peuple sera patient, il a l'avenir ; et quand il se voit insulté comme votre serviteur l'a été, il rit, hausse les épaules, secoue le pan de sa veste qu'on a sali, et va travailler, laissant ses ennemis sous le premier châtiment de leur impuissance.

Les socialistes ont répondu aussi à ma lettre, mais le croiriez-vous ? ils ont été parfaitement calmes et polis. C'est à n'y rien comprendre. Le ruisseau passe maintenant dans les salons, et les démagogues se conduisent comme de parfaits gentilshommes.

Moi qui ne suis qu'un ouvrier, je dis crûment, naïvement, ce que je pense. Je veux le bien pour tous, même pour le goujat qui méclabousse de mortier, et je crois que le peuple, en possession du suffrage universel, doit se persuader qu'il n'a plus rien à enlever, à arracher à ses maîtres, si ce n'est leur masque : et pour cela, il n'est pas besoin de canon, ni de fusil ; une plume suffit. Le souffle d'un honnête homme fait tomber toute l'hypocrisie, tout le fard, du front de nos ennemis. Quand ils s'en vont en guerre, ce n'est pas le tambour que nous devons appeler nous autres : c'est assez d'un sifflet.

TROYES. — IMPRIMERIE DE CARDON.

ONZIÈME LETTRE.

Aux quatre grands organisateurs du suffrage universel, dans le département de l'Aube, à MM. Casimir Périer, Blavoyer, de Vendeuvre, Husson.

Permettez-moi, grands citoyens, de profiter de votre présence au milieu des électeurs pour solliciter de votre conscience honnête et surtout modérée, quelques explications devenues nécessaires.

Bien que je je n'aie jamais su quel titre vous aviez pour jouir de cette fameuse rente de 25 francs, dont vous pourriez fort bien vous passer, et dont vos journaux disaient tant de mal quand ils n'avaient pas le bonheur d'en attraper quelques écorniflures ; bien que vos études, vos travaux en droit international en économie politique, me soient parfaitement inconnus, et que vous n'ayez pas pris soin de dissiper mon ignorance à cet égard, je ne doute pas que vous ne soyez tous les quatre des économistes du plus gros calibre, des intelligences de la plus haute volée, des représentants d'une inflexibilité de principes étonnante, des réactionnaires enfin comme on n'en voit pas.

Mais, j'ai beau répéter que M. Périer est un diplomate de première force, que son ingénieux procédé pour démolir la Constitution au conseil général dénote quelque habitude des intrigues ;

Que M. Blavoyer, dont l'alibi est bien difficile à constater, et qui sait être en même temps à l'Assemblée pour voter, et à son manoir de Foolz pour y dîner, que M. Blavoyer est un esprit actif, travailleur, ardent pour le bien du pays ;

Que M. Gabriel de Vendeuvre, dont l'ascétisme catholique s'accommode mal des honneurs, n'a accepté le fardeau de la représentation nationale que comme une croix qui meurtrit ses épaules ;

Que M. le général Husson, s'il n'est pas éloquent, s'il n'entend rien à l'administration, à la discussion, à l'étude des affaires, est au moins une garantie pour l'ordre ; j'ai beau m'épuiser en efforts et vous faire attribuer toutes les qualités sans lesquelles vous ne seriez que des ambitieux vulgaires, embarrassants pour le pays et compromettants pour sa réputation de sens commun ; j'ai beau vous élever de petits piedestaux sur toutes les bornes, on ne m'écoute pas, et si l'on regarde mes bornes ; c'est pour se permettre des analogies et des comparaisons que je ne veux pas répéter.

Aidez-moi donc, ô grands hommes méconnus, à vous faire obtenir justice, et puisque vous ne vous rappelez pas avoir pris l'engagement de rendre compte de vos votes à votre département ; puisque vous avez la fatale illusion de croire qu'il suffira de nous envoyer des préfets, sous-préfets, fonctionnaires de tous grades, choisis, instruits, et comme on dit vulgairement, *serinés* par vous, pour vous rendre à jamais rééligibles ; permettez-moi, par un dévoûment fort désintéressé, de vous tirer de la sécurité fâcheuse dans laquelle vous vous bercez.

On dit ici que si l'on vous jugeait à vos œuvres, vous ne seriez pas des artisans bien distingués ;

On dit qu'à part le soin que vous avez pris de vous occuper de la question de savoir si M. Petit de Bantel serait un meilleur exécuteur de vos volontés, que M. Devaux dit du Cher, vous ne vous souciez guères de ce pauvre pays qui a signé, par parenthèse, des pétitions contre les votes les plus importants que vous ayez émis.

On assure que la République n'est pas précisément ce ce que vous aimez, et que si l'on faisait le bilan de vos travaux, on trouverait un déficit à l'endroit des promesses tenues ; ce qui vous constituerait vis-à-vis de l'opinion du pays en banqueroute, et qui plus est, en banqueroute frauduleuse.

Aidez-moi, sublimes patriotes, à prouver que vous n'êtes pas des banqueroutiers du suffrage universel, et par une explication loyale et lumineuse, dissipez les ténèbres assez épaisses qui se sont glissées entre vous et une grande partie des électeurs.

Pourquoi vous a-t-on nommés? Ce n'était pas uniquement pour toucher ces bienheureux vingt-cinq francs qui ont été une arme si formidable entre vos mains, tant que vous ne les possédiez pas. Il faut bien accorder aux puristes que c'était un peu pour les affaires du pays; or, qu'elles étaient les affaires du pays, et comment les avez-vous fait prospérer? Voilà toute la question à éclaircir. Il me semble que je procède méthodiquement, et il ne tiendra pas à moi que vous ne sortiez *blancs*, entièrement *blancs* de cette explication.

Le pays n'est pas autre chose que la famille en grand; et,pour que dans la famille tout aille bien, il faut, si je ne me trompe, qu'on trouve de l'ouvrage, du pain, de la santé, de la gaîté au-dedans; de l'estime, de l'amitié au-dehors.

Or, nos braves citoyens, qu'est-ce qu'il y a dans la huche? dans l'armoire? sur l'établi? et que dit-on de nous chez les voisins? Si je prouve que nous sommes cossus à l'intérieur, et dans une belle tenue à l'extérieur, j'aurai prouvé que vous méritez 50 fr. au lieu de 25. Et c'est là, grands hommes, l'objet de cette lettre.

C'est une tâche assez difficile que celle-là! car, si vous saviez comme les mauvaises langues s'en sont donné sur votre compte! On dit que depuis que l'Assemblée dont vous êtes l'ornement, est entrée en fonctions, tout va de mal en pis. Que nous sommes la dernière des nations devant l'étranger, et la plus exposée aux troubles, aux divisions intestines.

Est-ce que cela serait possible? est-ce que nous n'avons pas lavé tout notre linge sale en Février? et quelque guenillon pendrait-il encore sur ce drapeau tricolore que Lamartine a si noblement, si fièrement planté à l'hôtel-de-ville? Je ne puis croire ces cancans; mais si après tout, ils ont du vrai, il me restera la ressource de prouver, dignes représentants, que vous n'êtes pour rien dans cet état de choses, et qu'il existe, malgré vous, et non par vous.

Qu'est-ce que l'on vous envoyait faire à l'Assemblée? Recommencer la révolution? Donner le croc-en-jambe à la République que M. Thiers aimait tant le 28 Février, que M. Baroche avait si fièrement préparée en *devançant la justice du peuple*? Etait-ce pour ramener les troubles, les querelles de parti, ou bien pour achever la consolidation de l'ordre, qu'on vous expédiait à ce vaste entrepôt de toutes les consciences humaines, qu'on appelle l'*Assemblée législative française*, par pure plaisanterie, parce qu'on y reste le moins *assemblé* possible, qu'on *y défait* les lois, et qu'on y est plutôt Russe, Anglais, Autrichien ou soldat du pape que Français?

Pourquoi, encore une fois, ô M. Périer! ô M. Blavoyer! ô M. de Vendeuvre! ô M. Husson! orléanistes, légitimistes, équilibristes de toutes les couleurs, vous a-t-on confiéce mandat, que vous avez accepté par pur dévouement, et pour ne pas désobliger ceux qui n'étaient pas venus vous l'offrir?

Si c'est pour bouleverser tout, pour remettre tout en question, vous pouviez épargner de l'argent à la France, et il y a des entrepreneurs de barricades, à moins de 25 fr. par jour. Ce n'eût donc pas été la peine de vous déranger. Mais c'est au contraire pour pacifier, pour refroidir le sol, pour repaver, en un mot, qu'on vous a envoyés à Paris Eh bien! comment vous y êtes vous pris, et voyons si les mauvaises langues, qui prétendent que vous avez fait précisément le contraire, ont quelque apparence de raison.

La Constitution a posé des principes, le peuple vous a confié sa souveraineté. Où sont les principes? Quelles conséquences en avez vous tirées, et qu'avez-vous fait de la souveraineté populaire?

La République avait été une révolution sociale. M. Blavoyer, cet esprit si parfaitement sagace et qui serait le Talleyrand de la députation, si M. Périer n'en était le Machiavel, M. Blavoyer avait dit dans sa profession de foi : *Il faut renouveler les bases de la société, en régénérer toutes les parties.*

La Constitution qui n'était pas aussi avancée dans son langage que le seigneur démocrate de Foolz (prononcez faux), la Constitution avait établi des points de départ pour des améliorations populaires, et elle avait chargé l'Assemblée législative de consacrer :

1° Le suffrage universel ;

2° La liberté de l'enseignement ;

3° La liberté de la pensée ;

4° La liberté de l'association ;

5° Une juste et égale répartition des impôts ;

6° L'amélioration des classes ouvrières ;

7° L'assistance publique.

Voilà les quelques points essentiels auxquels la République tenait, pour être logique, bienfaisante et définitive.

Moi, je crois que vous nous avez donné toutes ces choses ou l'équivalent. Des voisins croient le contraire, et disent brutalement que vous avez escamoté le suffrage universel, vendu l'enseignement aux jésuites, baîllonné la presse, tué les associations, augmenté les impôts, aggravé la situation précaire des classes pauvres, et remplacé le droit à l'assistance par le droit à la prison.

J'en atteste M. Blavoyer qui a juré de consacrer la souveraineté populaire ! J'en atteste M. Périer qui faisait si fraternellement distribuer des pommes de terre à ses amis de Romilly, la veille de l'élection ! J'en atteste M. de Vendeuvre, le chrétien si fervent ! J'en atteste M. Husson, le soldat, élève du Prytanée, qui était si fier de son origine républicaine ! On vous calomnie, n'est-ce pas, en vous attribuant toutes ces félonies ? Vous êtes de trop honnêtes gens pour ne pas tenir à une parole politique, comme à un engagement privé. Votre conscience se révolterait d'avoir deux manières d'agir, d'être inébranlable, par exemple, quand il s'agit de choses matérielles, d'argent à payer, et d'être flexible et molle, quand il s'agit de payer la dette de l'honneur et de la foi jurée.

Mais, me dit-on, voyez leurs actes! qu'ont ils fait du suffrage universel? Ne l'ont ils pas rogné, dénaturé, détruit?

J'avoue, messieurs, qu'au premier abord, cette objection paraît spécieuse, et que vous avez agi avec le suffrage universel comme un enfant qui mord le sein de sa nourrice, et qui semble vouloir le lui couper. Mais il faudrait vous entendre, et je ne doute pas que vous n'ayez d'excellentes raisons à apporter à l'appui de vos vivacités.

On dit bien qu'en immolant les droits de tous, vous avez prononcé votre propre déchéance, et que vous ne pouvez pas survivre à la mort du suffrage universel qui vous avait nommé. Vous devez, assurent les malins, vous retremper à la source purifiée. Sur ce point encore vous avez, je n'en doute aucunement, des choses concluantes à dire; mais pourquoi, diable, vous qui vous êtes réservés pendant toute la législature, ne nous dites-vous pas ces choses?

On assure que cette *correction* du suffrage universel n'est pas la seule côte enfoncée que la Constitution ait à regretter. L'expédition de Rome, que vous renouvelez à l'intérieur, paraît une assez triste page dans l'histoire, et les trophées de la porte Pancrace, contrarient singulièrement les électeurs qui n'ont jamais aimé les soldats du pape.

Mais, M. Gabriel de Vendeuvre, sur ce sujet, aurait des arguments fort édifiants que le journal la *Paix* se chargerait de mettre à la portée de Messieurs les sacristains, ses abonnés.

Et la liberté d'enseignement? Je parie, quoiqu'on en dise, que vous ne l'avez pas livrée aux jésuites, et que M. Husson, qui a dû apporter de grandes lumières à ce débat, nous expliquerait savamment comment des ennemis de la religion peuvent seuls prendre la défense des instituteurs et de cette sentine de révolutionnaires qu'on nomme l'enseignement gratuit.

Et la liberté de la pensée? Est-il vrai, comme je l'entends dire, que vous l'ayez garottée et soumise à l'inquisition et à la censure? Est-il vrai qu'il ne restera plus de journaux que pour parler des voyages en ballon, des voyages de M. le président, du docteur Charles Albert et autres billevesées ? M. Périer garde sans doute tout un arsenal de raisonnements sur ce point. Je puis d'ailleurs constater (et j'en suis la preuve) qu'il a parfaitement eu raison de ne plus vouloir qu'on le discute dans un journal sans qu'il soit à même de s'en venger contre l'assaillant. Il veut qu'on signe désormais tout ce qu'on lui dira. Il saura au moins à qui il devra garder rancune.

Quant à la liberté de parler et d'écrire, eh ! mon Dieu! à quoi sert-elle ? Ceux qui sont savants comme vous, Messieurs, n'ont pas besoin de lire ces misérables feuilles qu'on appelle des journaux. Il savent tout. Quant à nous, vile multitude, pourquoi apprenons-nous à lire? Est-ce que nous avons besoin de cela pour travailler?

Vous le voyez, citoyens trop calomniés et trop peu connus, que de chose vous pourriez expliquer d'une façon satisfaisante si vous vous en donniez la peine!

Quant à la liberté d'association, on prétend que vous l'avez détruite. Quelle erreur! et l'association *anti-républicaine*, n'en êtes-vous pas les fondateurs, les pères heureux? Je sais bien que vous chicanez les autres; mais celle-là ne les vaut-elle pas toutes, et quand on protège celle-là, n'a-t-on pas le droit de détruire toutes les autres?

Pour les impôts, vous avez spécialement vexé l'arrondissement de Bar-sur-Seine et l'arrondissement de Bar-sur-Aube. A ceux-là, M. Blavoyer avait promis l'abolition de l'impôt sur le vin. Mais tout le monde sait que le vin est un agent de corruption. Peuple, bois de l'eau! fais des économies de ce côté, et le produit de tes contributions servira à doter de trois millions la cave, la bibliothèque et les salons de ton président. Pourvu que l'élu du 10 décembre fasse boire aux grands citoyens qui s'échauffent à son service, un bourgogne pur, un champagne sans mélange, ne dois-tu pas t'estimer heureux?

Vous avez donc bien fait, hommes tempérants, de maintenir l'impôt sur les boissons. M. Blavoyer, qui avait juré de l'abolir, s'arrangera avec son arrondissement comme il pourra. Cela ne negarde que lui, et d'ailleurs M. Blavoyer, qui s'absente si souvent, n'aura-t-il pas la ressource de dire qu'il n'était pas là, et que son voisin, qui vote ordinairement pour lui, n'avait pas ce jour-là de procuration?

On dit que vous avez élevé la taxe des lettres et la taxe du sel; mais pourquoi le peuple écrirait-il? Et pourquoi mangerait-il salé? Vous n'avez rien fait pour l'industrie agricole, dévorée par l'usure; le crédit foncier et la réforme du système hypothécaire sont encore à l'état vague de projet. Cela est vrai; mais il est vrai aussi que vous n'avez eu que deux ans pour songer à toutes ces améliorations.

On vous reproche d'avoir applaudi au rapport de M. Thiers qui déclarait que tout était pour le mieux dans ce bas monde, et que l'humanité avait dit son dernier mot sur la question sociale; mais comment ne comprend-on pas que vous, qui avez des châteaux, de somptueuses demeures, on ne peut raisonnablement pas exiger que vous sachiez, comment on meurt de faim dans une mansarde ou à l'hôpital. Est-ce que vos sœurs, vos filles ont jamais été exposées aux horribles séductions de la faim? Est-ce que vous pouvez connaître les plaies de toute cette canaille qui grouille si loin de vous et que vous retranchez de la loi électorale, pour n'avoir plus la douleur de la visiter ni de compter avec elle aux élections?

En somme, tout peut s'expliquer. Vous avez anéanti la souveraineté populaire, augmenté le malaise social, laissé descendre la France plus bas qu'elle n'a jamais été. Nos soldats montent la garde dans les corps de garde autrichiens, et reçoivent le mot d'ordre des Autrichiens et des camériers du pape. Vous avez frappé toutes les institutions républicaines, et cependant vous ne voulez pas renverser la République! Eh bien! je ne doute pas qu'en vous expliquant librement, loyalement, comme vous l'avez promis, comme vous le devez aux électeurs, ceux-ci ne reconnaissent qu'on a tort de vous en vouloir et que vous avez agi pour la plus grande gloire de la souveraineté populaire, des classes pauvres et de l'honneur national.

On est défiant envers vos votes comme envers vos discours et vos travaux à l'Assemblée; on les cherche sans les trouver : vous avez l'air de n'avoir rien fait, hors de l'action de palper régulièrement les 25 fr. Eh bien! je suis sûr que vous avez tous les quatre beaucoup travaillé, beaucoup parlé, et qu'il en est de vos actes comme de vos intentions. Ils semblent obscurs, mais il vous suffirait d'un mot pour les illuminer.

Dites-le ce mot. Vous le devez au pays qui vous a nommé, à moi, qui vous défends; à votre journal qui se fait tous les jours de bien mauvaises querelles pour vous; à vous-même, qui ne tenez peut-être pas à l'estime de tout le monde, mais qui paraissez vous apprécier assez pour tenir à la vôtre.

Remarquez, ô grands hommes! ô lumières du peuple! que je ne sollicite votre attention que sur des actes passés. Je n'ai pas l'indiscrétion de vous demander ce que vous voulez, ce que vous songez à faire dans l'avenir. Eh! le savez-vous vous même? Est-ce la République? l'Empire? une restauration que vous souhaitez? Cela ne me regarde pas.

Je ne veux pas vous mettre dans le cas de ce pauvre M. Blavoyer qui, questionné d'avance, a cru devoir s'engager un jour par une profession de foi très-républicaine, qu'il était obligé d'oublier le lendemain

Contentez-vous de nous expliquer ce que vous avez fait!

cette tâche suffit pour le moment. Veuillez me faire savoir dans quel journal je lirai ce compte-rendu, cette confession promise de vos votes ; ou bien, dites-moi pour quel jour je dois convoquer la vile multitude dans la grande salle de l'hôtel-de-ville, à l'extrémité de laquelle une estrade est toujours préparée pour les évolutions, scènes mimiques, déclamations, parades, tours de prestidigitation et autres exercices. A quand cette grande représentation, messieurs les représentants, faites-le savoir au plus impatient de vos représentés ?

DOUZIÈME LETTRE.

LE VOYAGE DE M. LE PRÉSIDENT ET DE SES AMIS.

A M. le Rédacteur du PROPAGATEUR.

23 août 1850.

Monsieur,

Vous m'excuserez si je vous raconte ce que j'ai lu quelque part, dans un livre, dont j'ai perdu le titre, mais dont je me rappelle parfaitement le contenu.

Il y avait une fois, à Bagdad, un calife très-bon, très-savant, très-modeste. Bien que ces trois qualités semblent assez rarement unies, et n'appartiennent guères aux princes, on s'accordait à les attribuer à Aboul-Aba. Il descendait d'une famille de guerriers, et je crois qu'un de ses oncles, notamment, s'était attiré une renommée fabuleuse.

Mais Aboul-Aba ne s'en faisait point accroire ; et sans prétendre chausser les babouches du héros qui avait illustré son nom, il se contentait de faire le bien, d'administrer honnêtement, sagement, et à ceux qui lui parlaient d'Aboul-Aba-le-Grand, il disait : « Mon oncle a « rempli son œuvre ; je déshonorerais la renommée dont « je suis l'héritier en essayant une parodie ridicule. Il a « été le conquérant, je serai le pacificateur ; il a couvert « Bagdad de gloire, moi je la couvrirai de bienfaits. » Et fuyant tous les termes d'une comparaison difficile à soutenir, Aboul-Aba le neveu, bien qu'il n'eût pas de Constitution à observer, de chambre législative à ménager, se gardait bien de se croire libre et tout-puissant. Il consultait son peuple et ne faisait rien sans savoir comment la foule accueillerait l'acte nouveau.

C'était un neveu comme on n'en voit plus. Je ne vous raconterai pas tous les services rendus par Aboul-Aba ; je ne vous dirai pas comment sa pelisse était en vénération, et les transports d'enthousiasme qu'excitait le petit turban à panaches qu'il portait dans les grandes cérémonies, mais je veux vous citer un trait tout particulier qui m'a été remis en mémoire par la lecture des journaux de ces jours passés.

Aboul-Aba convaincu qu'un calife qui reste au milieu de son sérail, de ses eunuques, de ses officiers de bouche et de ses ministres, n'apprend du sort de ses sujets que ce que ses familiers veulent bien lui laisser connaître, avait pris la sage résolution de visiter par lui-même son peuple, et dès qu'il faisait nuit, s'enveloppant d'un cafetan sombre, il allait partout, écoutant, répondant, recueillant les plaintes ; et en attendant qu'il eût fait cesser l'abus, corrigé l'injustice, réparé le mal, il laissait une bonne parole d'espoir à ses interlocuteurs. Jamais il ne se faisait suivre et allait tout seul, inconnu, deviné parfois, mais se faisant respecter à travers l'incognito.

Ce que notre calife essuyait ainsi de larmes, ce qu'il soulageait de misères, ce qu'il endormait de souffrances, ne tiendrait pas dans cette lettre. Voulait-on honorer sa bonté par des hommages inouïs et lui décerner des honneurs extravagants, lui donner par exemple les titres pompeux dont son oncle, Aboul-Aba-le Grand, avait joui ; il refusait, estimant que, même parmi les califes, le témoignage d'une bonne et loyale conscience, équivaut à bien des titres, et que le plus beau trône de sultan ne vaut pas le petit oreiller sur lequel on peut s'endormir, sans craindre les mauvais rêves.

Dans ce temps là, et dans ce pays-là, la politique n'était pas inventée, et chacun se croyait obligé, quand il exerçait un emploi public, de tenir à sa parole, comme s'il était le premier marchand venu. Ce pays n'était pas moins extraordinaire que le calife.

L'histoire ajoute qu'Aboul-Aba vécut fort heureux, que quand il mourut, ce fut un deuil général, et que tout le monde regrettait qu'il ne laissât pas un neveu après lui.

Il parait que M. le président de la République, qui est aussi le neveu de son oncle, comme Aboul-Aba, a été frappé de cette histoire, et qu'un beau jour il a dit à ses visirs : — Vos rapports m'endorment ; vos renseignements me paraissent avoir été copiés sur les manuscrits de mes bibliothèques ; je veux voir et apprendre à connaitre par moi-même.

A cette déclaration, les visirs grimacèrent un sourire, approuvant hautement le projet et se réservant tout bas de le faire avorter.

M. Louis Bonaparte n'avait qu'à faire comme Aboul-Aba, c'est-à-dire à se vêtir d'une pelisse sombre, à dissimuler son auguste nez dans l'épaisseur d'un turban rabattu sur les yeux, et à se promener avec son premier visir, le Duroc de cet autre Napoléon.

C'était là, on en conviendra, une heureuse inspiration qui valait bien celle de Strasbourg et celle de Boulogne. Que de choses l'élu du 10 décembre eut entendues et quel enseignement il eut recueilli de ces visites faites incognito. S'il eut parcouru les ateliers, escaladé les mansardes, visité le paysan dans son logis, combien il eut augmenté le trésor de ses réflexions !

Malheureusement le nouvel Aboul-Aba, n'a pas des visirs à sa hauteur, et son idée ne fut pas comprise. On imagina qu'il voulait se faire voir ; qu'il voulait, comme les princes ses devanciers, se faire voiturer à travers des lampions, des arcs-de-triomphe, des gendarmes, des maires en écharpe ; et au lieu de le laisser sortir un beau soir de chez lui, seul, modeste, inconnu, comme un prêtre qui se glisse dans la nuit pour aller porter quelque viatique aux pauvres, on le fit sortir en plein jour, au milieu de la foule ébahie, comme un Saint-Sacrement qu'on porte en procession.

Qu'est-il arrivé? M. Louis Bonaparte s'est-il trouvé en communication directe avec le peuple? a-t-il su si l'on était content de lui; si les millions qu'il a demandés pour sa table n'avaient pas fait paraître plus amer le pain du pauvre? si on ne lui cachait pas le vœu du pays?

Il est parti au milieu d'une escorte payée pour lui briser le tympan par des acclamations qu'on a jugées plus assourdissantes que le cri de vive la République. Il a été reçu sous les oripeaux renouvelés de la monarchie, par les préfets de la monarchie; on lui a lu les discours de la monarchie, et l'organisateur de l'enthousiasme officiel, M. Carlier avait poussé l'obligeance jusqu'à faire expédier une collection de figurants, simulant à merveille l'émotion impossible à décrire, et doués de poumons de ventriloques.

C'est en vain que M. le président veut se soustraire à ces murailles mouvantes de courtisans qui ont juré à leurs créanciers de ne le lâcher que quand il se sera fait empereur, et qu'il les aura nommés sénateurs. Il ne peut s'affranchir de ce réseau qui l'enveloppe, et quand, par hasard, une trouée se fait dans cette foule de comédie, et qu'il voit un peu de vrai peuple, et qu'il entend de vrais cris, il est tout étonné et demande ce que cela veut dire. On lui répond que c'est la canaille qui fait irruption, et notre pauvre Aboul-Aba, assourdi, se rendort, et continue sa promenade, bercé par ces tentateurs éternels, qui ont conduit le deuil de toutes les monarchies.

Qui n'a pas lu dans les journaux : « M. le président a « été reçu à Dijon, à Châlon, à Lyon, à Besançon, etc..., « avec des marques de la plus enivrante sympathie... Les « femmes lui jetaient des fleurs, et les hommes lui en- « voyaient des baisers. Des vieux soldats, restes de la cam- « pagne de Moscou, de Waterloo, etc., pleuraient sur « son passage. L'élu du 10 décembre les a décorés, etc., « etc.... »

Eh bien! relisez les voyages de Louis-Philippe, de Charles X, du duc d'Angoulême, et vous verrez que les populations ont été, à toutes les époques, enivrées au passage des princes, qu'elles ne faisaient aucune difficulté de mettre poliment à la porte quelques semaines après.

M. Louis Bonaparte n'a pas de chute pareille à redouter. La Providence lui a ménagé dans la Constitution, une issue toute naturelle, par laquelle il ira se retremper dans la solitude, quand l'heure de sa faction sera terminée. Mais s'il n'a pas à redouter de pareilles désillusions, il n'en est pas moins vrai qu'en ce moment on le trompe, et qu'il aurait pu se donner la satisfaction de voir, sans sortir de chez lui, et avec le secours de M. Carlier, et des acteurs du Cirque, le magnifique spectacle qu'il a été chercher bien loin et payer bien cher.

S'il fallait en croire les feuilles Elyséennes, Lyon se serait roulé dans les plus fanatiques transports, devant ses augustes bottes; et pourtant, si demain des élections avaient lieu, Lyon donnerait encore la majorité aux socialistes. Il en est de même de Strasbourg, il en est de même de toutes les villes où l'on promène ce pauvre élu du peuple, qui ne semble avoir été élevé à la première magistrature de la République que pour la plus grande jubilation des royalistes, et que pour avoir le droit de décorer les maires, les préfets et les sous-préfets qui font tourner sur son passage la broche qui a rôti pour tous les régimes.

Si le lendemain du retour à l'Elysée, Napoléon le Grand, apparaissait à ce nouvel Aboul-Aba et lui disait : « Eh bien! « mon neveu, que dit le peuple? Comment te trouves-t-il? « comment va le travail dans les ateliers? dans les « champs? où en est la misère que je voulais détruire, et « sur laquelle tu as fait de si jolis livres? combien Lyon « a-t-il encore de pauvres? combien d'ouvriers qui te bé- « nissent? qu'y a-t-il à faire pour l'industrie, pour l'agri- « culture? t'es-tu assis comme moi dans la chaumière? « un Béranger te chantera-t-il un jour, héritier de ma

« popularité ? quelles larmes as-tu séchées ? quelles plaies « as-tu soulagées ? quels impôts as-tu adoucis ?

Aboul-Aba-Bonaparte répondrait : « J'ai voyagé, ô mon « oncle, dans de délicieuses voitures, sur des chemins de « fer qui me faisaient traverser avec une rapidité merveil- « leuse les populations ; j'ai vu des préfets en superbe te- « nue, des maires avec de belles harangues ; j'ai décoré « les uns et les autres ; j'ai dansé à Dijon, à Lyon, à Stras- « bourg ; j'ai dîné merveilleusement partout ; j'ai causé « avec les présidents des chambres de commerce, et par « les portières de ma voiture, j'ai vu que les moissons se- « raient un peu mouillées. On m'a dit que le peuple bé- « nissait mon nom, et si j'en croyais mes bons amis, je « me conserverais pour dix ans encore à ces popula- « tions !...

Mon pauvre neveu, dirait l'oncle !... et sans nul doute, M. Carlier, qui doit aussi exercer son pouvoir sur les rêves de M. le président, interromprait aussitôt la malencontreuse vision, pour y substituer un tableau de cinquième acte, du cirque, montrant dans une apothéose de flammes du Bengale, l'oncle et le neveu s'élevant sur les mêmes nuages d'encens.

A quoi tout cela aboutira-t-il ? M. le président se croit-il plus certain de l'avenir parce qu'il a été offrir la main à quelques *préfetes* pour ouvrir le bal, et que le budget aura été grévé de quelques millions de plus ?

Quand au mois d'avril 1849 il venait à Troyes distribuer des drapeaux, que voyait-il ? Qu'apprenait-il ? Savait-il si derrière ce cortège magnifique des gardes nationales qui défilait devant lui, il n'y avait pas des affamés, des envieux, des désœuvrés qu'un peu de pain, qu'une bonne parole et que du travail eussent rassassiés et désarmés ? Parce qu'il a laissé quelques billets de banque dans le chapeau brodé de notre préfet, a-t-il étudié nos misères ? A-t-il connu nos besoins ? A-t-il emporté des notions sur notre industrie ? Et quand il aura visité toute la France de cette façon, en saurait-il plus sur le peuple français, que le jour où il s'est échappé de sa prison, et que celui où la France l'a nommé, sans le connaître, sur la garantie de ses ouvrages et sur le prestige de son nom?

Hélas! la méthode d'Aboul-Aba est décidément la meilleure, et c'est dommage que M. Louis Bonaparte ne soit pas calife de Bagdad!

TREIZIÈME LETTRE.

LES CONSEILLERS NE SONT PAS LES PAYEURS.

---

30 août 1850.

Monsieur le Rédacteur,

Ah ! monsieur, la belle séance que le conseil général a euc là ! et comme il est dommage que les électeurs n'aient pas eu dans l'idée de se lever matin !

Il fallait les voir tous, solennels et pénétrés du patriotique désir de sauver le pays, et d'étrangler la République ! Il fallait les voir comme dans le tableau de David, du serment du Jeu-de-Paume, lever la main et dire, l'un après l'autre : oui ! oui ! oui ! quand M. Doé qui porte un si grand intérêt à la Constitution, leur demandait si elle avait besoin d'être révisée. On m'assure que quelques-uns baissaient la voix, se rongeaient les lèvres, voulaient bien s'en aller ; mais, en somme, tous ont fait bonne contenance, et M. Périer a dû être content, ils ont manœuvré avec précision. La société du dix Décembre, quand elle arrange des ovations pour M. le président de la République, ne s'acquitte pas mieux de ses petites évolutions.

C'est que nos conseillers ne sont plus des conscrits ; ils se font à la politique, et je suis sûr qu'ils finiront par demander 25 francs par jour, ni plus ni moins que les 750 de la grande Assemblée. Entre nous, ils en ont aussi besoin que MM. Périer, de Vendeuvre et Blavoyer, ces pauvres gens que vous connaissez !

Seulement nos conseillers se sont privés de public et ils ont eu tort, c'était une ombre au tableau. Je savais bien que ce fameux vote viendrait. Je me disais que nous étions trop tranquilles depuis quelque temps, pour que nos hommes d'Etat n'eussent pas l'idée de nous émoustiller un peu. S'ils ne s'en mêlaient pas, vous verriez que la République finirait tout bêtement par s'installer, et qu'on serait ni plus ni moins heureux que sous la royauté !

Mais, pas de çà Lisette! ce serait un scandale, et M. Périer qui a fondé une société pour l'entretien de la morale, n'est pas un homme à encourager le scandale. Il a donc fallu nous prouver que sous la République on n'est pas si heureux, si tranquille que sous la monarchie; et pour cela il a fallu nous démontrer que la Constitution est mauvaise, que nous devons la respecter, mais en la démolissant, et que l'Assemblée, chargée de la conserver, doit s'étudier à la violer, toutes choses bien propres à remuer un peu les idées et les esprits, et à dégoûter de la République!

Je me préparais pour cette fameuse séance, je m'étais astiqué en imagination, pour ce grand jour, et nous devions y être une douzaine d'amis. Mais il paraît que cela s'est su, des jaloux ont été dire que nous avions l'intention de crier vive la République, et pour s'épargner la douleur de nous faire arrêter, nos bons amis les représentants ont décidé que la petite comédie aurait lieu dans les coulisses; la farce a été jouée, quand il n'y avait personne dans la salle.

Tant pis pour vous, mes pauvres Jacques Souffrants. Vous vous imaginez qu'en décrétant la publicité des séances on a songé à vous y admettre et à vous faire savoir quand elles auraient lieu! Vous croyez bonnement que ces beaux Messieurs, nommés pour faire vos affaires, auront la politesse de vous prévenir que tel jour, à telle heure on discutera vos intérêts. Ah! ça, pour qui les prenez-vous? Couchez à la porte si vous voulez! soyez là depuis la veille, si bon vous semble, attrapez les comme vous pourrez en séance; mais il est bien entendu qu'ils ont le droit de s'arranger pour que vous ne les rencontriez jamais!

Donc il n'y avait personne. Cela a permis à M. Blavoyer de voter. D'alleurs son voisin de Paris n'était pas là, et ceux de Troyes n'auraient peut-être pas voulu souscrire aux mêmes conditions. L'affaire menaçait, dit-on, d'être chaude.

MM. Lignier et Walkenaër voulaient qu'on remît la discussion ; mais M. Périer n'avait pas le temps d'attendre ; il avait donné le mot d'ordre, tout était convenu, arrangé, et il lui a suffi de dire : une, deux, trois ! pour que tous les capucins de carte, tombant à ses pieds, l'adorassent aussitôt comme la providence de l'Aube, comme l'inventeur de l'association royaliste, comme le grand pourfendeur des Constitutions...républicaines, passées et avenir.

Ah ça ! que va-t-on faire maintenant que le conseil général a accompli sa grosse affaire ? Est-ce qu'il va s'amuser à discuter les tas de cailloux pour nos chemins, les réparations de nos bâtiments départementaux, les fonds pour nos écoles primaires ? Tout cela paraîtra bien fade, bien insipide, et tout cela était bon quand les conseils généraux étaient des assemblées administratives ; mais maintenant que ce sont des corps législatifs, des clubs de bonne compagnie, des réunions de représentants gratis ; on fera faire la besogne par les chefs de bureaux. S'occuper de la boutique du département ? Pouah ! c'était bon autrefois, mais maintenant que le premier département venu est exposé, d'après la proposition de M. Grammont, à devenir le siége du gouvernement, il faut bien qu'on se prépare à légiférer, qu'on se fasse la main.

Ainsi voilà qui est convenu, les conseils généraux sont des assemblées politiques ; les conseils d'arrondissement demain en feront autant, après-demain les conseils municipaux et puis les conseils des prud'hommes ; nous allons tous être des hommes politiques. Les budgets se feront tout seuls, les chemins vicinaux s'arrangeront comme ils pourront, et ces messieurs nous assurent que cela ne finira qu'avec la République. Voilà pourquoi ils demandent que la République finisse le plus tôt possible.

Quel dommage, encore une fois, que le peuple n'ait pas entendu M. Périer exposer sa belle théorie du droit Constitutionnel !

Il avait été déjà assez obscur à la fameuse séance d'installation de la société royaliste. Eh bien ! il se réservait pour le conseil général. A la rue de la Montée-Saint-Pierre la société était un peu mêlée ; mais au conseil général, c'est tout ce que le département a d'intelligences d'élite, d'hommes d'Etat, d'administrateurs habiles, d'orateurs distingués. Si bien que M. Périer s'est surpassé.

« Je ne dirai rien, et vous me comprendrez ! s'est-il « écrié, je craindrais de manquer à la constitution si j'in- « sistais. Je me tais et vous apprécierez la haute por- « tée de mon silence ! »

Il n'y a pas eu moyen de le tirer de là. Quelle profondeur ! quel talent ! Il paraît que ce discours à la Talleyrand était préparé d'avance ; les journaux bien pensants en ont reçu des exemplaires.

En vain M. Lignier voulait-il forcer le châtelain de Pont à un langage un peu moins énigmatique : —Parlez, lui disait-il, dites-nous ce que vous voulez réviser de la Constitution ! L'homme le plus fort de la députation de l'Aube, répondait : — « Je me comprends, vous me com- « prenez ! C'est assez ! Je déclare la Constitution stu- « pide, absurde, mauvaise ; elle n'a rien qui vaille ; elle « elle est bonne à mettre en morceaux ; si l'Assemblée lé- « gislative m'écoutait, et si j'osais parler, je lui dirais de la « mettre en pièces ; mais je ne la respecte pas moins de « tout mon cœur. A bas la Constitution ! Mais vive la « Constitution ! »

Il paraît que le conseil a compris, car il s'est empressé de ratifier une si lumineuse doctrine, et quatre ou cinq de ceux qui l'année dernière n'avaient pas voulu réviser, éclairés *subito* par cette éclatante révélation, ont été d'avis cette fois de réviser.

Voilà donc qui est encore convenu. Tu entends, peuple ? La Constitution que tu dois suivre, respecter, tes mandataires la déclarent inepte, mauvaise ; tu es libre d'en dire tout le mal possible. Mais, grand Dieu ! aime-la, respecte la ! Ce qui revient à dire à un homme : — Monsieur, vous êtes une canaille ; mais en vous disant cela, je n'ai pas le moins du monde l'intention de vous enlever mon estime !

M. Périer a déclaré que l'Assemblée avait le droit d'usurper les fonctions d'une Assemblée constituante, et M. Petit de Bantel qui n'a sans doute pas été envoyé dans le département pour faire respecter les pouvoirs qu'il représente, et la Constitution en vertu de laquelle il porte son bel habit, M. Petit de Bantel est resté impassible, comme un petit bon homme de bois, pendant que ces paroles révolutionnaires lui étaient jetées dans l'oreille.

Savez-vous, Monsieur, qu'il faut bien compter sur le bon sens, sur l'esprit calme et raisonnable du peuple pour le faire assister à de pareilles déclamations ? Car, enfin, si le peuple, lui, ne voulait pas que l'Assemblée qu'il a nommée pour faire des lois et non pour faire une Constitution se moque de lui, et lui escamote un nouveau mandat, s'il disait aux gens qui parlent de rompre le pacte : « Eh bien, soit, rompez. Moi, je romps aussi ; courez à « l'Assemblée, je cours aux barricades ; faites de l'usurpa- « tion, moi, je ferai de la révolution ! » S'il disait cela, que répondraient M. Périer, M. de Bantel et les autres ?

M. Périer ne répondrait pas ; M. Petit de Bantel essaierait peut-être d'engager la conversation comme au marché de Foix. Quant aux autres, à ces hommes d'Etat qui brisent leur coque, à ces embryons que M. Périer a couvés et que le conseil général fait éclore, ils feraient ce qu'ils font toujours en pareil cas : ils iraient se cacher !

Mais le peuple que ces petites parades amusent beaucoup, n'a guère envie, ma foi, de se faire mitrailler, emprisonner, et transporter pour si peu, pour défendre son droit. Il rit de tout cela, et sait bien que tant qu'on lui laissera un petit bout du suffrage universel, il a le temps d'attendre, et qu'il aura son jour, son heure, des représailles pacifiques, mais éclatantes.

Allez donc, mes bons messieurs ! jouissez de votre reste ! Révisez, rognez, bâillonnez, faites ! mais faites vite, car il ne sera pas nécessaire que les Jacques Souffrants, mes amis, aillent secouer leurs gros souliers ferrés à vos portes pour détruire votre besogne et rentrer en possession de leur souveraineté. Il leur suffira d'écrire avec un bout de plume sur un bout de papier des noms qui ne sont pas les vôtres, pour que vous rentriez dans l'obscurité, et que tous les hommes qui veulent franchement, sincèrement la République prennent votre place.

Le conseil général de l'Aube peut bien renouveler quinze fois son vœu de révision en quinze jours ; M. le comte de Chambord n'en est pas plus près de la frontière ; M. le comte de Paris est aussi loin, et M. Louis Bonaparte n'en est pas moins supplié et obligé de rester le plus honnête homme de la République, titre auquel il paraît tenir surtout, ainsi qu'il l'a dit à Strasbourg !

C'est égal ! quel dommage que le Peuple n'ait pas entendu M. Périer ! Quelle idée il eût conservée de ce grand diplomate !

J'oubliais de vous dire que dans cette séance, un monsieur qui avait juré d'être plus comique encore que M. Périer a déposé une proposition par laquelle il demande que la chasse soit fermée au 1er janvier, attendu qu'à cette époque, il n'y a plus que le Peuple, que la canaille, que les gens de rien, les chasseurs en gros souliers, qui n'ont pas peur de la boue, qui affrontent la pluie et la neige, pour aller chasser les lièvres et les perdreaux.

Nul doute que le conseil général, si respectueux pour les institutions républicaines, ne consacre cet amendement essentiellement démocratique, et n'apprenne au Peuple que les plaisirs de la chasse ne sont pas plaisirs de vilains. Rendons justice toutefois à cette proposition ! elle ne parle pas de faire pendre les braconniers.

On m'a assuré que le conseil général n'en a pas fini avec les discussions politiques, et qu'une seconde représentation au bénéfice du public sera demandée. Sera-t-elle accordée? Je l'ignore; en tout cas, les spectateurs feront bien d'aller tous les jours retenir leurs places. Sans compter que les intermèdes sont quelquefois fort amusants. Témoin cette discussion de ce matin, dans laquelle, M. Périer, qui se plaint de voir de la politique partout, quand ce n'est pas lui qui la met, s'écriait que protester contre les dépenses folles et illégales de notre ancien préfet, M. Devaux du Cher, ou plutôt très-Cher, c'était donner une arme aux passions politiques!

Il vaut bien mieux, en effet, que le département paie, sans rien dire, les excentricités de M. Devaux, comme la France a payé les dettes de son président, et que la Constitution soit révisée! Il paraît que si on ne revisait pas et que si on ne payait pas, tout serait perdu... pour les créanciers.

Or, le peuple, cet éternel créancier, qui attend depuis si longtemps des établissements de prévoyance, peut bien manger encore un peu de pain dur, quand il en a, et attendre encore! Il attendra, soyez-en sûr; mais ce ne sera pas en compagnie de ces messieurs, législateurs d'ici et de là-bas! 1852 sera la chute des feuilles pour ces assemblées pulmoniques, et les feuilles balayées par le scrutin ne seront pas des feuilles de laurier!

J'oubliais de vous dire que si l'on paie les tapissiers de M. Devaux, on déclare, en revanche, au ministre du commerce que le département n'a pas le moyen d'augmenter le nombre de bourses destinées aux enfants pauvres, dans les écoles professionnelles. N'est-ce pas juste? Ne faut-il pas faire des économies!

Je m'aperçois, pour ma part, que j'en aurais une fameuse à faire sur mon papier, et comme je serai lu par MM. les conseillers généraux, je ne veux pas abuser plus longtemps de leur patience. Permettez donc que je vous tire ma révérence et à eux aussi.

QUATORZIÈME LETTRE.

L'ÉGLISE ET LA SACRISTIE.

6 septembre 1850.

Monsieur le rédacteur,

Il y a long-temps que j'hésite à vous écrire cette lettre, et bien que la main me démange, je résisterais peut-être encore à la tentation, si le mandement de l'archevêque de Paris qu'on vient de publier, ne me fournissait un prétexte tout naturel pour entrer en matière.

Je commence par prévenir messieurs les sacristains, bedeaux, allumeurs et éteigneurs de cierges et autres rédacteurs de la *Paix*, que ce n'est pas précisément pour leur béatification dans ce monde que j'écris cette lettre; mais qu'ils n'aillent pas s'imaginer, ni imprimer, ni insinuer que je suis un renégat, un impie, un homme sans foi ni loi ; car j'ai été mouillé, comme eux, par l'eau du baptême, et quand je mourrai, je ferai tout comme un autre, avec ferveur, le signe de la croix, avant de m'endormir sur mon dernier lit.

Je suis chrétien, je suis catholique, j'habille mes enfants de neuf, pour le jour de leur première communion, et je ne hais pas que ma femme aille à confesse. Vous le voyez donc; les sacristains n'ont pas le droit de m'exorciser, et s'ils ne me voient pas plus souvent, moi, à l'église, si mes genoux se sont un peu raidis à l'articulation, je ferai dire tout à l'heure, pourquoi, par l'archevêque de Paris.

M. Sibour ne déshonore pas la place qu'il occupe. Il a été élevé sur le siége archiépiscopal, que le pasteur avait taché de son sang, et le successeur de l'auguste victime de la guerre civile, ne pouvant continuer ces traditions héroïques, s'efforce au moins de ramener la religion à son principe véritable. Il ose s'attaquer aux abus, et, ma foi! il faut souvent pour cette tâche un héroïsme qui a peu de choses à céder à l'autre.

Quand le canon gronde, et qu'on n'a guères que la mort à braver, un homme de cœur se risque toujours volontiers. Mais, quand il s'agit de mettre le pied dans une fourmillière, de marcher, non pas sur des serpents, mais sur des insectes; d'en être, non pas mordu, mais piqué, mais égratigné; d'avoir à lutter contre les calomnies, les criailleries, les réclamations incessantes; l'homme de cœur hésite souvent devant une pareille besogne.

M. Sibour n'a pas hésité, et il a bien fait. Il a décroché du pilier le vieux fouet du Christ, auquel pendaient des araignées séculaires, et fouaillant les vendeurs, il les a chassés du temple, voulant que le parvis fut libre, et disant avec raison que les prêtres suffisent seuls à propager la parole, sans le secours des gens qui font parade de leur religion, l'exploitant pour leur profit particulier et pour la prospérité de leurs différents négoces.

La leçon s'adresse, en supposition, à un journal qui parlait de tout, à tort et à travers, qui damnait, qui béatifiait, qui ressuscitait et tuait selon son bon plaisir; mais, en réalité, cela s'adresse à tous les exploiteurs de l'église, à tous les journalistes, sacristains, jésuites et autres Montalemberts qui font endosser à la religion leurs colères, leurs rancunes, leurs passions, et qui, emmanchant un couteau dans un crucifix, nous déchiquètent avec un fer sacré.

Le journal la *Paix* n'a pas compris l'allusion, et avec la bonhomie qui le caractérise, il reproduit le mandement de M. Sibour. Le malheureux expédie à tous ses abonnés sa propre condamnation.

Il y a beaucoup moins d'impies dans le monde qu'on se l'imagine généralement; et, ainsi que le dit M. l'archevêque, « il y a beaucoup de gens qui sont moins éloignés « de la religion qu'ils ne le paraissent, et ils ne s'en tien« nent quelquefois écartés que parce que les hommes y « mêlent de leurs faiblesses, de leurs passions !

Savez-vous que c'est là une belle parole, et bien hardie dans la bouche d'un prélat ! Eh mon Dieu oui ! que les hommes, au lieu de se faire de la religion une arme, un instrument, un prétexte, laissent les prêtres nous l'offrir tout simplement, comme la source fraîche pour les lèvres altérées; qu'au lieu de s'arranger en petites confréries, ils se rappellent que l'essence de l'Evangile c'est la charité, c'est l'égalité ; qu'au lieu d'aller crier partout que le peuple en veut à la religion, à la famille, à la propriété ; que les athées en gants jaunes, qui forment des sociétés sous le prétexte vain de nous catéchiser, nous donnent les premiers l'exemple et cessent d'être usuriers, viveurs, dissipateurs, etc. ; qu'au lieu de se disputer le prêtre comme un satellite ou un complice, les partis politiques le laissent à sa mission, à son devoir ; que l'Eglise soit pour tous une retraite, un asile, et qu'on ne tarife ni la pitié, ni la misère, et alors la ferveur se rallumera !

Mais croit-on que, parce qu'un journal chantera dans un intérêt de clientèle les louanges de quelques sacristains, que le peuple se mettra à la queue de ces industriels sacrés, et les suivra ? On crie beaucoup à l'irreligion. Eh bien ! moi je prétends que jamais la religion ne fût si respectée et si bien comprise.

La société politico-sociale, dont le débit est chez M. Vincent, le liquoriste, a mis sur son drapeau, qu'elle défendait la *religion*, la famille, la propriété. J'ai dit dans mes autres lettres comment elle défendait la famille et la propriété ; mais, la religion, comment s'y prend-elle ? Est-ce qu'elle a des missionnaires ? Est-ce que ces MM. se ceindront les reins, se couvriront de cendres, feront des processions publiques, des prédications ? Est-ce qu'on les voit, au moins, se rendre dévotieusement à l'église et rester prosternés, abimés dans des méditations douloureuses sur l'impiété du siècle ? Je parie bien que si on cherchait à rencontrer aujourd'hui les membres de l'association philantropique et morale, on ferait mieux de courir les champs où ils tuent, en ce moment, le lièvre et la perdrix, que d'aller explorer les églises, qu'ils connaissent, qu'ils respectent volontiers ; mais qu'ils ne fréquentent pas !

Le mot *religion* sur le drapeau de l'association royaliste est donc une réclame, une comédie de plus et, disons le, le prétexte d'une nouvelle calomnie contre le peuple

En vérité, il sied bien à ces messieurs de parler d'impiété ! Mais où donc ont-ils vu qu'il y avait moins de foi dans l'atelier que dans le salon ? Nos femmes pratiquent-elles plus fréquemment l'adultère ? Manquons-nous plus souvent qu'eux à la foi jurée ? Savons-nous moins notre *Pater* et notre *Ave* ? et parce que nous ne lisons pas tous les beaux livres où l'imagination déréglée de certains écrivains a tracé de singuliers tableaux, nous croit-on plus corrompus ? Nous allons au cabaret, c'est vrai ; mais il vont à l'estaminet, et qui sait, s'il ne se dit, s'il ne se commets pas plus d'impiétés sur les beaux coussins de velours d'un boudoir que sur le rude et grossier escabeau où nous nous reposons pour manger la soupe ?

Je m'imaginais, moi, que la révolution de 1848 avait été plus religieuse que les autres, et je croyais tout bêtement que quand les combattants criaient par les rues : vive la liberté ! vive l'égalité ! vive la fraternité ! ils procédaient plus chrétiennement que quand ils se bornaient à crier : vive la charte !

La révolution de Juillet, faite par MM. Laffite, Casimir Périer et autres ambitieux, s'est accomplie au cri de : à bas la calotte ! à bas les prêtres ! Sous l'administration de M. Odilon Barrot, on pillait l'archevêché, et les pauvres curés de nos campagnes se faisaient bien humbles, bien petits pour échapper à l'injure.

En 1848, au contraire, les églises ont été respectées, les

prêtres non seulement honorés, mais choyés, mais portés en triomphe. Le Christ traversait les barricades, devant la foule agenouillée. Le peuple nommait Lacordaire comme son représentant ; tous les arbres de la liberté étaient bénits par des prêtres. Il semblait qu'on se fut converti. Après une révolution faite contre la corruption, contre les usuriers, les agioteurs, les intrigants, les hommes sans conscience et sans principe, on avait besoin de ce qui dilate la conscience, de ce qui réchauffe les principes, et pendant qu'on proclamait la liberté, l'égalité, la fraternité, on se sentait redevenir chrétien.

Les hommes de la monarchie en imposent donc quand ils accusent d'irreligion des hommes qui ont fait une révolution en quelque sorte religieuse ; et je crois, moi, qu'un républicain sincère est tout près d'être un chrétien.

Oh ! sans doute! nous jurons encore, nous sacrons, nous nous grisons, et on met des hommes au violon, tout comme avant le 24 Février. Mais, qu'est-ce que cela prouve ? Qu'au lieu de s'amuser à faire des sociétés politico-sociales, au lieu de transporter l'autel dans la sacristie, ces messieurs qui se plaignent tant du peuple, feraient mieux de prêcher d'exemple et de nous instruire.

On ne nous présente pas, dans les journaux prétendus religieux, la religion comme un pain quotiden que l'on peut manger, tout en continuant le travail ordinaire et le train de la vie journalière ; mais on l'offre comme un bon petit gâteau en miel qu'on donne à ceux qui sont bien gentils et qui se laissent faire.

Dans tout ce que je dis, je n'accuse pas le clergé, mais les laïques qui se substituent à lui ; quant aux prêtres, s'ils ont un tort, c'est de se traîner à la remorque de tous ces exploiteurs, de tous ces journalistes-bedeaux qui leur cachent le monde et qui leur dénaturent l'horizon.

M. l'archevêque de Paris vient de donner un fameux coup de pied dans ce nid à rats où se grignotaient, près de lui toutes les choses religieuses, et nul doute que si M.

Cœur, dans le mandement qu'on vient de lire dans nos paroisses, avait ajouté un petit paragraphe dans le même genre, nul doute que tous les braves gens n'eussent applaudi.

La bonne morale, ce n'est pas celle que vous avez combattue quelquefois et qui consiste à excommunier, à damner et à exorciser, en termes qui invoqueraient bien plutôt le diable. La bonne morale, la voici, dite sévèrement, du haut d'un siége épiscopal, par un homme qu'on n'accusera pas d'être un impie, un socialiste. Ecoutez l'archevêque de Paris :

« Il n'y a rien qui attire plus à l'Eglise, ou qui en éloigne davantage que le bon ou le mauvais exemple ; et ce qui perd le plus la religion aux yeux des peuples fidèles ou infidèles, c'est la contradiction des paroles et des actes de ceux qui la professent ou qui l'enseignent. Il est beau, sans doute, de la défendre de sa parole et de sa plume, mais il est mieux de la soutenir par ses actions, par toute sa conduite ; et en définitive, chacun sera jugé au tribunal de Dieu par ses œuvres et non par ses paroles. Vous êtes un fidèle catholique ! Prouvez-le par ce qui fait l'excellence de la religion, par la charité. Vous avec une foi vive ! Je vous en loue ; mais montrez-là par vos œuvres ; montrez que vous avez le véritable zèle de la maison de Dieu, à savoir : *la Foi qui opère par la charité*, comme dit l'Apôtre. Puisqu'on se pose en écrivain catholique, pourquoi répudier ce qui fait le fond de la doctrine catholique, ce qui est l'esprit de l'Eglise, l'âme de sa parole, ce qui ressort de tous ses dogmes, de tous ses préceptes, de tous ses conseils, la charité ? Pourquoi, dans ce siècle d'égoïsme, de passions et de haine, ne défendre la vérité qu'avec la haine, la passion, le sarcasme, et toutes les armes du mal ? Pourquoi irriter les esprits déjà si irritables ? Pourquoi, vous catholiques, qui vous vantez d'être les disciples de Jésus-Christ, doux et humble de cœur, enfants de l'Eglise, mère pleine de mansuétude et d'amour, pourquoi provoquez-vous toujours la guerre, comme si vous ne viviez que par elle et qu'il vous fallût des violences et des scandales pour subsister? »

Qu'en dites-vous? n'est-ce pas la condamnation des journaux de sacristie, passés et à venir, de tous les Tartufes, de tous les Baziles; et si ces paroles étaient écoutées, entendues, obéies, n'y aurait-il pas des chances pour que la prétendue impiété de l'atelier et de la mansarde disparut entièrement.

Ce qui manque à la religion dans ce temps-ci, ce ne sont pas les cœurs pour la comprendre, ce sont les hommes pour l'enseigner. M. Sibour est un de ces hommes; M. Cœur a tout ce qu'il faut pour être un autre; mais pouvons-nous espérer qu'il y en ait beaucoup? Je m'imagine, moi, que si on laissait tous nos petits curés de campagne être républicains, comme ils en ont bonne envie, on aurait bientôt tous les apôtres qu'il faudrait.

Mais certaines gens qui n'y trouveraient plus leur profit ne veulent pas entendre parler de républicaniser le clergé. M. de Chambord n'aurait qu'à revenir!

C'est là en effet une raison à laquelle il n'y a rien à répondre. Aussi n'essairai-je pas de prolonger plus longtemps la méditation.

Au revoir; et ne dites pas mon nom à MM. les sacristains bedeaux et sonneurs, car ils me garderaient rancune, et je tiens à être enterré en terre sainte.

TROYES. — IMPRIMERIE DE CARDON.

QUINZIÈME LETTRE.

LES DÉMOLISSEURS DE L'AUTORITÉ.

6 septembre.

Monsieur le rédacteur,

Nous approchons du terme fatal, au-delà duquel on n'aura plus le droit d'écrire dans vos carrés de papier, sans être breveté, patenté *ad hoc*. Je profite donc du peu de temps qui me reste, et jusqu'au jour déterminé, je doublerai, si vous le voulez bien, l'étape; car je n'ai pas tout dit, et j'en aurais, certes, bien long à vous dire.

Causons donc aujourd'hui lundi, sans préjudice de samedi prochain.

Tous les jours, je lis dans les journaux honnêtes et modérés, que non-seulement les républicains sont des gens sans foi, sans moralité; mais qu'encore (ce qui pour messieurs les fonctionnaires attablés au budget est beaucoup plus grave, beaucoup plus intéressant) ils n'ont aucune idée de l'autorité. Avec eux, dit-on, pas de gouvernement possible; ils ne rêvent que l'anarchie, et dès qu'un pouvoir est constitué, ils le démolissent et l'attaquent jusqu'à ce qu'ils en aient fait des ruines.

Ah çà! entendons-nous. Je n'ai jamais su que les républicains eussent trouvé le moyen de se passer de toute autorité, et m'est avis que si la plus *sociale* des républiques était proclamée, il faudrait tout de même admettre un gouvernement, tant populaire fût-il? Est-ce que les communistes eux-mêmes n'ont pas un reste de bon sens qui les fait se soumettre à un chef? On ne peut donc pas supposer sérieusement qu'il ressorte des théories républicaines la prétention de se passer d'autorité. Il faut donc admettre, ou que les royalistes calomnient les républicains, ou que, si les républicains démolissent l'autorité, c'est de bonne foi, à leur insu, et en faisant seulement un peu trop d'opposition.

Mais je crois, moi, que non-seulement les républicains ne démolissent pas l'autorité, mais qu'encore ils en donnent une meilleure idée que ceux qui l'incarnent dans un homme; et je prétends prouver que s'il y a des démolisseurs de l'autorité, on doit les trouver dans les rangs des royalistes plutôt que dans les nôtres.

Voyons, si mon raisonnement est tiré par les cheveux, et si au contraire il ne se déduit pas clairement, facilement des principes.

Les républicains n'admettent pas d'autre souveraineté que la souveraineté du peuple. Tous les pouvoirs : exécutifs, législatifs, préfectoraux, municipaux, ne sont que des délégations; on peut donc, sans inconvénient, discuter ces agents intermédiaires, les soumettre à la critique la plus vive, sans crainte de ruiner les droits du grand souverain. On aura beau faire ; les présidents, les ministres, les préfets, les maires, passent, mais le peuple reste, mais l'humanité subsiste, et ce premier principe de l'autorité, cette racine, suffit pour toutes les greffes qu'on voudrait tenter ensuite.

Je ne sais si vous me comprenez : je vais préciser par des faits. Je nomme un représentant; je le crois probe, honnête, sincère. Il me promet des améliorations, des réformes, des institutions démocratiques, etc.... tout ce que promet un candidat de la veille; mais dès que je m'aperçois que j'ai été triché, est-ce que, parce que mon représentant est une autorité, je dois me taire? ne pas crier à l'escamotage? ne pas chercher à éclairer les électeurs sur son compte? Est-ce que je dois m'exposer à le laisser renommer? Mais si je le démasque, si je le déconsidère, si je le mets à nu et si je fais voir un ambitieux, un intrigant, à la place de ce prétendu ami du peuple, est-ce que j'aurai démoli le législatif? Est-ce que j'aurai tué l'institution? Quand on dit qu'un médecin est un ignorant, est-ce qu'on fait du tort à toute la médecine? Et de ce qu'il est difficile d'acheter les melons et de les juger sur l'enveloppe, s'en suit-il qu'on condamne tous les melons et qu'on porte préjudice à cet estimable légume?

Evidemment non. Quand on s'aperçoit qu'on a été attrapé, on change de marchand, voilà tout. Ceci soit dit sans prétendre faire une allusion injurieuse aux melons de cette année ni à nos représentants. Tout le monde sait que les premiers sont irréprochables, et que si les seconds sont un peu *coulés*, ils n'en sont pas moins fort agréables.

De ce que vous trouverez qu'un préfet, M. Devaux (*très-cher*) par exemple, aurait été aussi bien assis sur des fauteuils de 100 fr. que sur des fauteuils de 900 fr.; est-ce que vous toucherez à l'autorité en elle-même? De ce que tout le monde n'a pas trouvé que M. Petit de Bantel eut été très-ingénieux, ni très-adroit dans son discours à la garde nationale, est-ce que tout le monde a attenté à l'autorité?

Parce qu'on démasque Tartufe, insulte-t-on la religion? Parce qu'on trouve un tableau médiocre, une pièce stupide, un acteur mauvais, injurie-t-on l'art et le talent en lui-même?

Mais, dit-on, si vos critiques sont injustes! Si j'ai tort, réfutez-moi; si j'ai raison, faites droit à mes observations, et vous verrez que les choses ne seront point entamées par les attaques dirigées contre les hommes.

Si les républicains allaient partout disant que l'on peut, que l'on doit se passer d'autorité; que chacun est le maître; qu'il ne doit y avoir ni gardes champêtres, ni gendarmes, ni préfets, ni présidents, ni bon Dieu, ni rien du tout, pour empêcher les dégats et les délits; ah! je comprendrais le reproche; mais alors il ne s'agirait plus que de fourrer les républicains aux petites maisons.

Que prétendent-ils au contraire? qu'il y a des vices dans les institutions, qu'on peut réformer; mais qu'il y a aussi de l'égoïsme, de l'ambition, des passions mauvaises chez les hommes, et ils attaquent ces défauts, ces passions, et ils cherchent à les détruire. En quoi cela fait-il tort aux idées de pouvoir, de gouvernement? Est-ce que sous ce prétexte, il faut abolir toute opposition? Et si on admet l'esprit d'examen, dans quelles limites faudra-t-il l'admettre? Qui osera poser des bornes et dire au progrès, à l'analyse, à la réforme : tu n'iras pas plus loin? Qui limitera ce droit de contrôle? l'intéret des contrôlés? Mais alors ils s'arrangeront pour frapper la critique et se réserver l'impunité.

Il n'y aurait qu'une chose à dire aux royalistes, à tous les réactionnaires qui jettent cette injure banale aux républicains. Est-ce qu'ils se priveraient d'opposition, si les républicains étaient au pouvoir? Est-ce qu'ils prendraient l'engagement absolu de ne pas attaquer nos hommes, nos préfets, nos représentants? Est-ce que pendant le peu de temps que la République a été aux mains des républicains, ils se sont abstenus? Qu'ils nous laissent donc faire ce qu'ils ont fait, et qu'ils n'aient pas la sottise de croire qu'un habit brodé soit tout le pouvoir, et que parce qu'on brossera celui-ci, on écorchera l'autorité.

Je ne suis qu'un ouvrier; mais je sais que quand on critique mon ouvrage, ça ne tue ni mon industrie, ni mon savoir; je me corrige, je fais mieux, mon savoir y gagne, l'atelier y gagne aussi, et par suite tout s'en trouve bien.

Les vrais, les seuls ennemis de l'autorité, ce sont ceux qui lui font mettre l'habit ou le chapeau d'un homme, qui l'excusent toujours et partout, et qui n'admettent pas qu'un préfet, qu'un ministre, qu'un président soit un homme enclin à mal faire, tout comme un autre.

Sous la monarchie, c'était là le vieux vice, et c'est ce qui l'a fait crouler. Tant d'ambitieux, d'intrigants suspects, flétris, se faisaient passer pour des symboles du pouvoir, qu'à la fin on a confondu le pouvoir avec ses symboles.

Quand un fonctionnaire dépense follement les fonds

qui lui sont confiés, quand un autre fait maladroitement tirer sur le peuple, si le conseil d'Etat abandonnait ces fonctionnaires à l'opinion qui les réclame, à la justice qui peut avoir des comptes à régler avec eux, est-ce que vous croyez que l'autorité en serait ébranlée? Est-ce qu'il vaut mieux que le peuple dise : — « Le pouvoir veut toujours avoir raison, et défend, quand même, les fautes que ses agents commettent! » Que de l'entendre dire : — « Le pouvoir sait faire respecter la morale, l'équité, même par ses agents, il destitue ceux qui ne sont pas dignes de l'exercer? »

Quand on veut couper le bras gangrené d'un homme est-ce qu'on lui fait plus de mal qu'en lui laissant avec ce bras le germe de la mort?

Plus j'examine cette vieille calomnie des réactionnaires, plus je trouve qu'elle sonne creux, qu'elle ne signifie rien, qu'elle est stupide. Prouvez-nous, leur dirai-je, que les républicains veulent supprimer la morale, l'obéissance, la soumission aux lois; ou bien convenez que les dépositaires des lois et de l'autorité ne sont que des serviteurs à gages que le peuple paie, et a par conséquent le droit de juger et de remplacer par les moyens qui lui sont laissés : par le scrutin et par la pétition.

Quand M. Périer déclare que la Constitution de 1848 est stupide, mauvaise, absurde, est-ce que l'on songe à l'accuser d'en vouloir à toutes les constitutions? non. On sait bien qu'il aimerait mieux celle de 1815 et qu'il n'en veut à celle-là que parce quelle est républicaine. Eh bien! c'est par une raison précisément contraire, que les journaux républicains attaquent les fonctionnaires actuels; ils les accusent de n'être pas républicains, et je ne crois pas que reprocher à un prêtre de ne pas aimer assez le Dieu dont il est le ministre, ce soit faire injure à un autre qu'à lui, et insulter le bon Dieu!

Vous le voyez donc! les royalistes aux abois feraient bien de ne plus nous jeter cette injure, car elle se tourne contre eux, et ils nous autoriseraient à la leur rétorquer plus tard, le jour où la République sera enfin aux mains des républicains.

En attendant ce jour, qui reviendra à Paques ou à la Trinité, recevez mes compliments.

SEIZIÈME LETTRE.

LES BLAGUEURS!

---

13 septembre 1850.

Monsieur le rédacteur,

Je n'aurais jamais osé me servir du mot que j'ai mis en tête de cette lettre, si les journaux de bon ton, si les feuilles de la *haute* ne s'étaient permis, les premiers, de faire entrer dans le dictionnaire politique, ce mot inventé par Proudhon.

Donc, il y a le parti des *blagueurs*. Ce n'est pas à proprement parler une opinion politique, c'est une sorte d'hôpital pour toutes les consciences éclopées, où les intrigants déçus, les ambitieux culbutés, viennent se refaire et se préparer à de nouvelles tentatives.

J'admets parfaitement que toutes les couleurs fournissent leur contingent ; mais j'ai la pensée que si on y trouve quelques *rouges*, on y rencontre pas mal de *blancs*, et une quantité prodigieuse de ces gens qui ont fait pendant dix-huit ans du drapeau tricolore la nappe sordide et tachée sur laquelle ils ont mangé le budget.

Que Proudhon, ce grand démolisseur, ait lancé cette injure à la tête des imprudents tombés dans le traquenard, ce n'est pas, certes, un acte de grand courage, et il ne me serait pas difficile de prouver que ce n'est pas tout à fait acte de vérité. Mais que la tourbe des Orléanistes, que ces gens sans principe, qui flottent de la liberté au despotisme, selon qu'ils ont besoin de lâcher le peuple ou de le museler, que cette meute qui a laissé, après dix-huit années de paix, la France humiliée devant l'Europe, et avec un abîme au beau milieu de son trésor, que ces gens-là ramassent l'injure de Proudhon et cherchent à l'appliquer aux Républicains, en vérité cela passe la plaisanterie et tombe dans le grotesque.

J'aime assez les définitions, mais je ne crois pas que j'aie besoin de définir ce mot, auquel Robert-Macaire, le bienheureux patron des *blagueurs*, a donné une illustration impérissable.

Nous savons donc tous parfaitement ce qu'on entend par ce mot là, et sans plus de précaution, je demande aux journalistes de la réaction, qui se permettent de traiter les Républicains de *blagueurs*, lesquels ont le plus *blagué*, des gens qui ont toujours mis leur vie et leur liberté pour enjeu dans la partie qu'ils jouaient, ou de ceux qui trompent le peuple en se réservant de se cacher et de fuir, ou de s'aplatir, au jour de la lutte et du danger.

Les Républicains ont un programme, un principe, un but. Qu'ils soient plus ou moins adroits, c'est là une question de capacité à juger, qui ne peut faire tort qu'à leur esprit, nullement à leur moralité : la conscience est sauve. Combattant sous la monarchie les abus avec vivacité, mais croyant l'arbre plus solide, ils se sont trouvés un beau jour devant des racines arrachées : ils en ont pris bravement leur parti. L'histoire impartiale dira plus tard s'ils ont cherché alors à se venger, à exploiter au profit de leurs passions la victoire que la couardise de leurs adversaires et le mépris pour la royauté leur abandonnaient ; l'histoire dira s'il a dépendu d'eux que leurs promesses fussent tenues, et si, honnis et traqués par la réaction, ils ont fait pour leur ambition la moindre concession à leurs ennemis.

Respect donc à ces vaincus qui ont été tout au plus des maladroits, mais qui ont eu affaire et ont cédé la place à des *blagueurs* !

Les légitimistes se trompent de temps et de lieu ; mais ils ont un principe. Si je ne croyais pas à la liberté, plutôt que de ne croire à rien et d'aller au hasard, suivant la fantaisie de mon intérêt, je croirais au despotisme. Ou nous sommes tous frères, ou nous sommes tous, de par Dieu, maîtres et sujets ; il n'y a pas de milieu : quand je ne croirai plus au jour, à la lumière qui m'échauffe, je croirai à la nuit. Les légitimistes sont des oiseaux de nuit, mais leur croyance, pour être erronée, n'en est pas moins honnête. On les blâme, mais on les estime.

Il y a des gens qui ne veulent pas croire que les chemins de fer soient un progrès et qui s'obstinent à voyager en pataches et en coucou. C'est une opinion absurde mais loyale. Je respecte donc le coucou des légitimistes, mais je ne monte pas dedans.

Ce n'est pas que ce parti, pourtant, ne soit composé que de purs, et parce qu'il est blanc, il n'est pas toujours sans tache. S'il y a les Bretons bretonnants, il y a les exploiteurs, et, tout comme partout, les *blagueurs*. Est-ce que vous pensez, par exemple, que les gens qui font les légitimistes pour faire croire à une infusion de sang noble dans leurs veines prolétaires ne sont pas des *blagueurs?*

Est-ce que vous croyez que les fils de gens enrichis par la vente de biens nationaux ou par un obscur négoce, sont autre chose que des *blagueurs*, quand ils ajoutent à leur nom un *de*, et se font passer pour des légitimistes de tradition ?

Est-ce que vous croyez que les journaux (Voir la *Paix* de 1848 et les relations du voyage de Wiesbaden en 1850) qui, après avoir déclaré solennellement en 1848, que la République était le gouvernement définitif, et qu'il ne fallait plus songer aux rois, et qui aujourd'hui cherchent à écraser la République sous l'arc de triomphe que la spéculation leur fait élever au comte de Chambord, est-ce que vous croyez que ces journaux-là ne sont pas des *blagueurs*?

Est-ce que vous croyez qu'après avoir dit (*Paix* du 2 mars) *qu'il ne s'agit plus d'incarner les destinées d'une nation dans une dynastie*, l'homme qui propose aujourd'hui à l'admiration des bedeaux l'incarnation de la patrie et du salut commun dans M. le duc de Bordeaux, n'a pas droit à ce titre énergique?

Les légitimistes, ces honnêtes utopistes, ont donc tout comme les autres, dans le pêle-mêle de leurs rangs, des *blagueurs*. Mais le milieu véritable et normal de ces exploiteurs de la crédulité est dans le camp spécial aux orléanistes, aux anciens satisfaits, à cette masse flottante, qui n'a pour boussole que son ambition, pour ambition que son intérêt, et pour intérêt que le plaisir sordide d'avoir la plus large part au gâteau.

Voyons-les donc à l'œuvre, ces inventeurs des associations anti-socialistes, ces défenseurs de la morale qui reprochent aux républicains de n'avoir pas une foi constante dans leurs principes!

Que sont donc tous ces fameux libéraux de la restauration qui ont escamoté à la révolution de Juillet la couronne au profit du duc d'Orléans, après avoir vainement promis de consulter la nation? Que sont-ils donc? sinon des *blagueurs*?

Et ce fameux programme de l'Hôtel-de-Ville! et cette royauté entourée d'institutions républicaines! et cette charte qui devait être désormais une vérité! et cette liberté de la presse qui aboutissait aux lois de septembre? Qu'est-ce donc? sinon des *blagues!*

Qu'est-ce donc que M. Casimir Périer ménageant jusqu'à la dernière heure la légitimité et l'usurpation, que M. Thiers le carbonaro qui avait juré sur un poignard la mort des rois, et dont toute la vertu consistait ensuite à être de l'opposition quand il n'avait pas la place de M. Guizot? Qu'est-ce donc que M. Guizot, cet homme austère qui vivait au milieu de la corruption? Qu'est-ce que tous ces hommes ambitieux, parlant de liberté *avant* et faisant de l'arbitraire *après*? Qu'est-ce que tous ces hommes politiques de la dynastie de Juillet qui n'avaient qu'un but, se maintenir, en s'appuyant sur ceux qu'ils lançaient à la curée des places? Qu'est-ce que tous ces gens là, sinon des *blagueurs*?

Que dirais-je de l'honneur national sacrifié à des intérêts de famille, de l'indemnité Pritchard, du droit de visite et de toutes les occasions où les révolutionnaires de Juillet ont montré moins de fermeté, de dignité, de souçi du nom français que leurs devanciers ? Ne voyez-vous pas là la *blague* et les *blagueurs* ?

Quand l'orage de Février a grondé, qu'étaient donc ces conseillers qui poussaient le roi à la résistance, et qui l'abandonnaient à l'heure du péril ? qu'étaient ces généraux qui parlaient de repousser la manifestation du banquet par les armes et qui, trois jours après, venaient offrir leur épée au gouvernement provisoire ? Qu'étaient ces magistrats, royalistes la veille, qui le lendemain décrétaient d'accusation leurs amis, leurs bienfaiteurs ? qu'étaient tous ces journalistes vendus, flétris par les fonds secrets, si orgueilleux, si rodomonts la veille, si muets, si pâles, si rampants devant la République, devant le gouvernement provisoire le lendemain ? Qu'étaient tous ces gens-là, sinon des *blagueurs ?*

Comment les nommer d'un autre nom ces hommes qui laissaient partir, sans un mot, sans un regret, le roi que leurs conseils avaient perdu, qui faisaient dans leurs feuilles, à Paris, l'éloge du gouvernement provisoire, ici, l'éloge des commissaires qu'ils avaient à renvoyer peu de temps après ?

Et ces hobereaux, membres des associations royalistes, qui ne traitent plus aujourd'hui la République que de catastrophe, les républicains que de chenapans, et qui faisaient des souscriptions, des dons volontaires au profit des blessés de Février ! Et ceux qui mettaient à l'amende ceux qui les traitaient de marquis ! et ceux qui cherchaient dans leurs parcs les plus beaux arbres pour en faire des arbres de la liberté ! Que sont donc ces gens-là, sinon des *blagueurs ?*

Et les capitalistes qui offraient leur argent à la République, qui comprenaient les besoins du trésor, qui reconnaissaient les dettes de la monarchie et qui bénissaient le gouvernement provisoire d'avoir décrété l'impôt des 45 centimes, au lieu d'avoir créé le papier-monnaie ou imposé les riches d'un milliard! qu'étaient-ils donc ces gens qui ont crié depuis à l'exaction, au pillage, à l'impôt exorbitant, qu'étaient-ils, sinon des *blagueurs?*

Et les candidats jurant tous la République, promettant dans leurs professions de foi des institutions démocratiques, voulant renouveler *les bases de la société, s'engageant à réduire les impôts*, choisissant des collègues ouvriers, exaltant jusqu'au délire, l'imagination des travailleurs qu'ils caressaient par peur! et ces fonctionnaires se hissant, à la faveur des amis, et devant plus tard, renier la République, mentir à leurs engagements, faire tout le contraire de ce qu'ils avaient promis, échangeant contre une place, contre un ruban, des convictions bruyantes dans leur expansion; ne sont-ce pas là aussi des *blagueurs!*

Et, au 10 décembre, les gens qui avaient arrêté, empoigné, insulté M. Louis Bonaparte, les gens qui le traitaient de mannequin, qui déclaraient sa nomination honteuse pour le France, qui avaient pressé la main du général Cavaignac, et qui se ralliaient à la candidature du neveu de l'empereur, par haine contre la République et par peur! Et les fonctionnaires qui avaient combattu l'élection, devenus le lendemain les séïdes de l'Elysée! Et les préfets de la royauté essuyant la poussière de leurs genoux et renouvelant ces protestations qui n'ont pas empêché la chute de tous les règnes qu'ils ont servis!. ...... *blagueurs! blagueurs!*

Et, depuis le 10 décembre, ces hommes qu'on a vus dans les antichambres de la République, calomniant aujourd'hui la révolution, la traitant de catastrophe, parlant des orgies du gouvernement provisoire, des gaspillages, dont ils n'ont pas trouvé une seule trace dans le rapport sérieux de M. Ducos, mais dans les libelles de mouchards, des hommes de la police! Et tous ces écrivains niant les dettes de la monarchie, avouées par les ministres de la monarchie eux-mêmes, s'associant contre la République avec leurs ennemis, les plus naturels ; MM. Thiers, Berryer, Montalembert, allant à l'Elysée s'embrasser sous l'œil de l'homme qu'ils caressent et qu'ils veulent renverser ; tous ces sycophantes de la liberté traquant le droit de réunion, étouffant la liberté de la presse, détruisant le suffrage universel, faisant de nos soldats des soldats du pape, triant le jury, et poussant leurs passions aveugles et insensées jusque dans le sanctuaire de la justice. Tous ceux-là : *blagueurs ! blagueurs !*

Et les associés anti-socialistes exploitant la religion qui n'a jamais été plus tranquille, la famille et la propriété qui n'ont jamais eu besoin d'être défendues, et, sous le prétexte de faire le bien des ouvriers qui se moquent d'eux, organisant des sociétés en commandite pour leurs nominations, réélections, avancements, décorations, etc. ; tous ces débitants de morale qui ont la prétention, sans doute, d'être des modèles de piété, de pureté ; tous ces agitateurs qui cherchent à armer contre la République les souffrances, les misères, les inquiétudes populaires ; tous ceux qui nous poussent à la guerre civile, à l'anarchie, avec leurs belles promesses ; tous ceux-là, *blagueurs ! blagueurs ! archi-blagueurs !*

Et les conseillers généraux qui poussent au mépris de la Constitution, en protestant de leur respect pour elle ; qui affectent d'oublier que tous les hommes d'Etat de la royauté, nommés à l'Assemblée, ont travaillé à cette Constitution, et qui l'appellent l'œuvre de M. Marrast ; tous ceux qui demandent une *solution*, quand le peuple demande la *continuation* de ce qui est, c'est-à-dire, l'ordre, la tranquillité, le maintien des institutions ; tous ces prôneurs du bien public, qui ne songent qu'à leur intérêt particulier ; tous ces gens-là, *blagueurs !*

Et les représentants s'occupant de récompenser par des places, par la croix, les services électoraux rendus, et envoyant des préfets, des sous-préfets, non pas dans l'intérêt du département, mais pour garantir leur candidature ; et les préfets, les sous-préfets, ne songeant qu'à complaire aux représentants dont ils sont les obligés, tous ces mandataires du peuple qui couvrent de mots pompeux, de phrases sonores, leur vanité, leur ambition, leur désir d'exploiter indéfiniment et de co-usurper cette souveraineté populaire dont ils sont les agents ; tous ces gens-là auraient-ils le droit de s'offenser du titre de *blagueurs?*

Je n'en finirais pas si je voulais compléter ma liste, et vous faire défiler tous ces enjôleurs du peuple, qui seraient bien embarrassés pour définir leur principe, leur but, pour établir leur programme, et qui parlent vaguement de l'ordre à établir, des bases sociales a affermir, comme si les républicains étaient des anarchistes, des vauriens, des voleurs, des assassins !

J'ai seulement voulu mettre les réactionnaires au défi de prouver qu'ils aient une idée, une foi, une croyance à autre chose que leur intérêt. Chacun par les souvenirs complétera ma nomenclature, et il faudrait n'avoir jamais lu l'*Aube* ni la *Paix*, pour manquer de renseignements.

Quant à moi, monsieur, je sais à quoi m'en tenir. Je reconnais que si dans le parti républicain il y a eu des fous, des exaltés, des charlatans, ils ont payé cher leur utopie, et que nul, parmi les réactionnaires, n'a le droit de leur en faire un crime, et encore moins d'étendre à un parti tout entier un reproche qui atteint à peine quelques individus loyaux, mais maladroits.

Si les réactionnaires voulaient dresser leur bilan, je ferais celui des républicains, et on verrait bien s'il y a eu plus de promesses imprudentes et mal tenues faites par la République, que de calomnies débitées contre elle. Mais ce bilan, le peuple qui voit, qui écoute, qui observe, qui s'instruit, le fait lui-même, et c'est lui qui dira en 1852 si j'ai menti, et si je n'ai pas rendu le mot de Proudhon à son sens propre, en l'appliquant aux escamoteurs passés et présents, des gouvernements tombés ou à tomber.

Ainsi donc, monsieur, laissez dire ceux qui insultent

tous les jours dans leurs journaux, par les vociférations les plus brutales, la cause que vous défendez et les hommes honorables que vous avez pour alliés. Contre de pareils adversaires, la violence est plus qu'un crime, elle est une bêtise. On ne frappe pas ces gens-là, on les siffle ; on ne ne les traite pas comme des gens dangereux, mais comme des BLAGUEURS !

Je termine cette longue lettre, en vous priant encore une fois de m'excuser du mot qui m'en a fourni le prétexte. Il m'a semblé que je ne serais pas accusé de mauvais ton, de l'employer après les journaux honnêtes et modérés, qui en ont fait un si loyal usage ; il est vrai que ces feuilles charmantes s'en servaient contre les républicains, et que moi je l'emploie pour les défendre ; ce qui est bien différent, et ce qui n'est pas de nature, comme vous pensez, à me faire trouver grâce devant certaines gens !

TROYES. — IMPRIMERIE DE CARDON.

DIX-SEPTIÈME LETTRE.

Un dernier mot aux orléanistes, légitimistes, dix décembristes, gourdinistes, anti-socialistes, banquistes, équilibristes, fusionnistes, solutionnistes, et autres anarchistes, ainsi qu'à leurs journalistes.

20 septembre.

Monsieur le Rédacteur,

Cette lettre sera un peu longue; mais elle sera la dernière. La loi qui demandera dans trois jours autre chose de plus que de la conscience et de la bonne foi pour vous écrire, et qui voudra mon nom, ma personne, mon foyer, mes intérêts privés pour les jeter en pâture à la dent des journaux honnêtes, et à la main quelque peu crochue des hommes du pouvoir, cette loi qui finira par se noyer dans l'encre, brise momentanément ma plume.

Mais, croyez-le, comme moi, ce n'est pas un adieu que je donne à votre public si bienveillant, si indulgent pour mes expansions naïves. Nous nous reverrons. Quand? C'est ce que nul ne sait, et les gens qui ont fait et qui appliquent la loi, encore moins que nous.

C'est dommage! j'avais pris plaisir à vous confier mes idées qui sont celles du peuple; je me sentais tout glorieux de la curiosité inquiète de nos ennemis et de la sympathie de nos amis. Mais bah! j'aurais peut-être fini par me griser, par me croire quelque chose et par vouloir entrer à l'académie... de l'*Aube*. Or, il vaut mieux que je m'en tienne à mes bobines, ce sera encore un moyen de critiquer l'ambition de certaines gens.

En vous quittant, je veux vous dire la foi que j'emporte dans mon obscurité, l'espérance qui veillera au-dessus de mon métier comme une lampe pour éclairer mon travail. Je veux vous dire que si je souffre des tentatives odieuses et insensées qui sont dirigées contre la République; que si nous regrettons toutes les améliorations promises et escamotées, que si nous sommes toujours les exploités, et les mystifiés, nous sommes aussi les patients et les fervents. Il y a quelque chose dans le cœur du peuple de plus fort que ses déceptions, que ses mécomptes. Il a vu, il a touché la liberté, la vérité; il a confiance dans le triomphe de sa cause, et, sans colère, sans haine, en voyant les manœuvres, les intrigues, les trafics, les cancans, les luttes des partis autour de l'arbre planté, béni, en Février et quotidiennement écorché depuis, il se dit au fond du cœur : — Qu'importe! *ça ira*!

Oui, c'est ce vieux cri de nos pères, purifié, sanctifié, qui remue au fond de nous, et qui nous monte aux lèvres. Oh! il ne s'agit pas de terreur, d'échafaud, d'assassinat. La terreur est le Croque-Mitaine des peuples au berceau, et Dieu merci! nous marchons. Cet abominable moyen ne serait plus aujourd'hui qu'un crime exécrable sans l'ombre d'une excuse, d'un prétexte. L'échafaud est vermoulu, et nos enfants en feront le tréteau d'un orchestre autour duquel les partis reconciliés danseront la ronde.

Quand je dis : *ça ira*, j'exprime donc un fait, sans songer à ressusciter un cri qui a été autrefois un cri de mort et de sang.

Il ne s'agit plus ici du *ça ira* de la lanterne. Ce blasphème a été enterré par Lamartine avec le drapeau-rouge dont il était la devise, et le *ça ira* de 1848 doit être un cantique de fraternité et d'oubli, une sorte de magnificat populaire en l'honneur d'une espérance généreuse et pacifique.

Arrière donc les calomniateurs et les gens qui voudraient dénaturer mes paroles et leur donner un sens horrible qui serait de plus aujourd'hui un sens absurde! Oui, je le dis avec certitude, le baromètre est encore au variable ; mais l'aiguille se rapproche de plus en plus du beau fixe, et en dépit des moucherons qui viennent l'embarrasser de leurs aîles, elle y atteindra et y restera.

La République a passé par bien des crises ; je ne dis pas qu'elle en a fini avec les secousses ; mais, à coup sûr, on n'en a pas fini et on n'en finira pas avec elle. Les orléanistes avec leurs intérêts matériels, les légitimistes avec leur idéal gothique, les dix-décembristes avec leurs gourdins, ne prévaudront pas contre elle. Ayons bon espoir, ne regardons plus l'avenir d'un air inquiet, troublé. Fions-nous à notre bonne volonté et au bon Dieu : *ça ira !*

Les orléanistes ont beau faire dire des messes et essayer de faire compter leurs partisans par les sacristains ; ils ont beau chercher à ravitailler un parti qui n'étant fondé ni sur une idée, ni sur l'illusion d'un droit, n'a pas de moyen de résurrection ; ils ont beau se rattraper à la prolongation de pouvoirs, à la révision de la Constitution ; ils ont beau, comme les enfants qui demandent la lune, trépigner dans les conseils généraux, et vouloir absolument que ceux-ci boudent la République, la République les brave et ne les craint pas. Quelle raison pourrait donc les rendre redoutables ?

Sont-ils une religion ? un culte pour quelque chose ? Est-ce par les prêtres, par les femmes, par les guerriers, par les paysans, par les ouvriers, qu'ils peuvent se faire rappeler ? Non. Matérialistes, hommes du fait, hommes du moment présent, ils ne sont arrivés en juillet que sous le masque de la République. Ils promettaient la chose, moins le nom, et on les a laissés faire. Mais dès qu'on a eu le nom et la chose, on peut se passer d'eux. Ils ne se sont maintenus que par la corruption, que par l'embauchage. Mais est-ce là un droit qu'on avoue, qu'on ose revendiquer ?

Ont-ils quelque chose qui parle au cœur ? Est-ce la gloire, est-ce la sollicitude pour les classes pauvres ? En fait de gloire, nous avons eu l'indemnité Pritchard, et M. Thiers a dit le dernier mot du soucis de l'orléanisme pour les pauvres.

Ils ont à nous offrir une famille intéressante à coup sûr, pleine de jeunes hommes héroïques ; mais la France est-elle un patrimoine et doit-elle s'adjuger simplement sur la bonne mine des intéressés à la succession ? Allant à droite, à gauche, partout où ils peuvent trouver une branche à se raccrocher, un clou à se suspendre, une pierre pour y monter, les orléanistes pourront encore troubler le pays, mais ils ne l'auront plus. En dépit d'eux, *ça ira* !

Les légitimistes ont été à Wiesbaden; mais ils en sont partis divisés Les uns veulent l'appel au peuple, les autres en sont toujours à la vieille rengaîne du retour par la grâce des Cosaques ; mais le peuple ne songe pas à les rappeler ; quant aux cosaques, qu'ils y viennent ! Les légitimistes peuvent donc continuer leurs pèlerinages : *ça ira* !

De deux choses l'une, ou les amis de M. de Chambord sont restés entiers dans leur croyance, et on ne persuadera pas aux descendants des vainqueurs de la Bastille que le règne du bon plaisir et du droit du seigneur soit possible ; ou bien ils ont transigé avec les mœurs et veulent nous redonner du ragoût constitutionnel ; mais ce ragoût, malgré tous les assaisonnements, n'a pas pu être digéré, et comme il n'était qu'une préparation à la République, le plus emporte le moins, et la République fait tort au reste.

Que dire des *solutionnistes* ? Ceux-là sont les aventuriers, les joueurs à rouge ou noir, les lansquenets, les tireurs à la loterie. Tout leur est égal, hormis ce qui exige du dévouement, de l'abnégation, du travail, hormis la République ! Mais quand ils auront bien cherché et essayé de toutes les combinaisons, force leur sera de s'en tenir à la solution logique. Vous le voyez donc, *ça ira* !

Quant aux dix-décembristes, à moins d'être des Goliaths et de se charger d'exterminer avec leurs gourdins dix mille républicains par heure, je ne vois pas trop comment ils pourront nous faire croire qu'un aigle empaillé peut voler, et que Soulouque, l'empereur nègre, peut se blanchir! Nous aurons donc encore quelques têtes assommées, quelques côtes enfoncées; mais, bah! *ça ira!*

Tous ces partis là se tiennent en échec. Ils voudraient bien mordre à la République; mais la République mordue et saignante, à qui la place? Les Orléanistes céderaient-ils le terrain aux Légitimistes? et les Dix-Décembristes consentiraient-ils à ne plus gourdiner? Vous le voyez donc, les ennemis de la République en sont les premiers gardiens, et bien qu'elle ne soit confiée qu'à eux, elle ira, elle grandira, elle vivra.

Les associations anti-socialistes feront toutes ce que fait celle de l'Aube, beaucoup de bruit pour rien, mais elles s'ébrècheront toutes à essayer d'entamer le monument.

On a enlevé le suffrage universel, on le rendra; on veut bâillonner la presse, la presse finira par user son bâillon. On cherche à exciter le peuple, pour que le peuple s'amusant à remuer les pavés, donne un prétexte à d'autres de remuer les verroux, les épées et d'en finir; mais le peuple n'est pas si bête que de tomber dans le traquenard.

Plus je cherche à me demander ce qui serait possible, faisable, tentable en dehors de la République; plus je me dis qu'il n'y a rien, que des troubles sans résultat, que des coups de fusil à tort et à travers, et comme je ne crois pas que le peuple soit assez fou pour quitter le certain, non pas même pour l'incertain, mais pour le gâchis indéfini, je me dis: *çà ira!*

Oui, *çà ira*, et si jamais ça menaçait de mal aller, ce n'est pas une plume alors qu'il nous faudrait prendre, nous autres de l'atelier et vous autres du bureau! C'est qu'on aurait trouvé le moyen de poser un pied quelconque sur le cou de la République, et nous ne ferions que notre devoir en allant apprendre à ce pied-là qu'on ne chausse plus les bottes qui ont été touvées moisies dans le tombeau de Sainte-Hélène!

Je quitte donc la plume, n'ayant pas tout dit, mais rassuré; et il ne me reste plus guère qu'à tirer ma casquette aux braves gens qui m'ont accepté pendant quelques mois pour confrère. L'*Aube* et la *Paix* notamment ont été d'une amabilité qui m'a touché.

Comment vous arrangez-vous pour vivre mal avec ces honnêtes gens-là ! La *Paix* a bien essayé de me faire passer pour un sacripant; mais son habitude de l'encensoir lui a fait aussitôt me brûler un petit grain, et elle a trouvé que j'étais un collaborateur *spirituel;* ce qui, bien entendu, a dû vous rendre horriblement jaloux !

On m'avait dépeint l'*Aube* comme un diable à quatre ; mais il n'y a pas paru. Il est vrai qu'on disait à l'atelier : Ah ! s'il te connaissait, mon pauvre Souffrant, comme il saurait dire du mal de toi, de ta femme, de tes enfants ; tu es bien heureux de ne pas lui donner ton adresse ! il t'en dirait tant, tant, que tu finirais par perdre patience et par lâcher des bêtises ! C'est là qu'il attend ses ennemis ! comme il ne te connaît pas, il se tait, ne pouvant te calomnier. —

Je lui ai offert bien des fois de discuter ; mais avec une politesse, une douceur, un bon gout charmant, l'*Aube* a toujours refusé. Il a craint de me mettre dans l'embarras.

J'ai donc conçu une violente estime pour le grand homme qui confie à ce journal sa prose et son cœur. Je ne le connais pas, mais je m'en fais une idée. Il doit être calme, digne, serein ; jamais de colère, d'emportement. Les mots grossiers doivent lui répugner. Ce n'est pas lui qui appelerait ses adversaires *chenapans ! clique ! assassins !*

Il doit être d'une loyauté parfaite, ne jamais travestir les paroles qu'il cite, et il doit les citer tout entières. Il parle si souvent religion, que ce doit être un homme tout dévôt, tout confit, tout béat, un beau petit saint auquel il ne manque qu'une niche.

Pour oser attaquer la République il lui faut un bien grand courage ! On m'assure qu'il a pris cette attitude là dès le lendemain de la Révolution! qu'il a protesté, qu'il s'est bouché les yeux pour ne pas voir passer le cortége de la Liberté, qu'un de ses collaborateurs a, par mégarde, appelé *un beau spectacle*, dans son propre journal. Ce n'est pas lui qui aurait imprimé (quoi qu'on l'ait dit) l'éloge du commissaire Crevat! Ce n'est pas lui qui aurait permis que M. Barthélemy, son préfet de prédilection s'en allât, honteusement, piteusement, sans adieu, sans autre mot qu'un avertissement pour dire qu'on ne danserait pas le mardi suivant à la préfecture, *pour cause de République*! Ce n'est pas lui qui aurait aussi lestement traité la dégringolade d'un homme dont il était le convié la veille. On dit cependant que son journal a eu ce peu d'égards; mais c'est sans aucun doute à l'insu de l'homme délicat dont je parle, et il a dû être bien furieux!

Des mauvaises langues assuraient qu'il avait eu peur et que son voisinage de la caserne de la gendarmerie n'était pas un pur effet du hasard. Calomnie! monsieur, calomnie! Il n'y a dans ce rapprochement qu'une coïncidence fort naturelle, et le héros en question est un paladin pour le courage, et un ange pour la conscience.

Vous avez donc tort de lui garder quelque rancune. Il a d'ailleurs dit trop bien de vous, spontanément, autrefois, pour qu'il ne l'ait pas pensé et pour qu'il n'en soit pas resté quelque chose dans son esprit. Vous êtes doublement injuste de lui en vouloir, et je ne doute pas que son âme généreuse ne soit prête à accueillir de votre part l'offre de l'oubli et un engagement d'amitié. Avec lui donc aussi *ça ira*!

Ainsi soit-il! en attendant, que saint Hubert vous garde de la rage et de la morsure des bêtes enragées! Recevez en votre nom pour la place que vous m'avez donnée, et au nom de vos lecteurs pour l'accueil qu'ils m'ont fait et la sympathie qu'ils m'ont accordée, les remerciements les plus chauds de votre dévoué

JACQUES SOUFFRANT, *ouvrier*.

ÉPILOGUE.

Le journalisme et l'anonyme.

La loi du 16 juillet 1850 qui exige la signature véritable est une loi de colère, de passion, c'est une loi absurde.

Mais, si nous avons pour elle les sentiments que messieurs les royalistes qui l'ont votée, professent pour la Constitution, nous agirons envers elle, comme ces grands patriotes agissent envers le pacte fondamental, nous la respecterons, nous lui obéirons, en attendant sa révision.

Il nous faut donc renoncer désormais aux correspondances de Jacques Souffrant. Pendant quatre mois, ce collaborateur inconnu a tenu en éveil la curiosité publique, et il ne nous appartient pas de parler du succès véritable que ses confidences ont obtenu. Quelque jour peut-être, conciliant ce qu'il doit aux exigences de la loi nouvelle, avec son désir de continuer ses relations avec nos lecteurs, rentrera-t-il dans la lice ; pour aujourd'hui, il se retire, heureux des témoignages nombreux, multipliés, d'estime, qui sont venus tenter sa modestie, et du silence significatif que ses adversaires ont gardé.

Nous ne viderons pas la question de l'authenticité du nom de Jacques Souffrant. Est-ce un pseudonyme ? Les journaux qui ont bien voulu se livrer à des conjectures à cet égard, se sont-ils approchés de la vérité? C'est ce que nous ne voulons pas décider. Qu'il suffise de savoir que nous sommes dans des termes tels avec lui que nous ne pouvons être jaloux des éloges qu'on lui donne, et que quand la *Paix*, par exemple, dans les numéros des 15 et

20 juillet parlait de ces lettres *spirituelles* qui faisaient diversion à la monotonie habituelle de la rédaction, ce compliment était en réalité beaucoup moins injurieux pour nous qu'il ne le paraissait. Que la conscience de la *Paix* se rassure donc.

S'il nous en coûte de renoncer aux lettres de Jacques Souffrant, c'est aussi, c'est surtout à cause des limites dans lesquelles elles restreignaient la polémique. Notre collaborateur n'a pas reculé devant la discussion des personnes ; mais par cela même qu'il était inconnu, cette discussion devait se maintenir dans des termes qni laissaient toute latitude à la liberté des appréciations politiques, mais qui ménageaient les susceptibilités particulières, et en présence de cette signature, texte de tant de suppositions, de conjectures, nos adversaires dont les plus âcres personnalités composent souvent toutes les ressources, de guerre, n'osaient discuter et se tenaient irrésolus et balbutiants.

En les forçant de rester sur le terrain des principes, et en se dérobant aux injures qui déshonorent la lutte des grands partis, Jacques Souffrant les forçait au silence. Ne pouvant faire du scandale avec un nom propre, ils aimaient mieux se taire, que d'accepter une seule fois le débat sur la question de fond. l'*Aube* surtout a été un curieux témoignage du fait que nous avançons. Jamais sa polémique n'a été, relativement, moins personnelle, que pendant la publication de ces lettres. Le jour où, devançant la loi, nous avons mis au bas d'un article sur la *Messe des morts*, notre signature, ce jour-là, notre confrère qui avait hâte de rattraper le temps perdu et de se dédommager, s'est livré à une orgie de personnalités qui nous a semblé la moralité précise de la loi nouvelle.

En effet, c'est là l'écueil sur lequel échoueront bien des organes de la publicité. Pour les esprits violents, haineux, étroits, la lutte prendra un caractère personnel, tracassier cancanier, diffamatoire, calomniateur. On oubliera le parti et son étendard, pour ne voir que le porte-drapeau.

Il y aura une mêlée d'individualités jalouses, hargneuses, et nous croyons qu'ici surtout, le journal que nous avons déjà nommé ne manquera pas une si belle occasion. C'est là un inconvénient qui peut être général, mais qui ne se fera toutefois sentir avec force que dans certaines localités, et par la faute des gens assez maladroits pour ne pas opposer l'impénétrabilité du mépris à ces souillures.

A Paris, dans les grandes arênes, la polémique, nous l'espérons, se maintiendra à distance de ces conflits; quant à nous, nous sommes bien résolus à résister de toutes nos forces à la tentation de répondre, même par l'expression de notre dédain, à ces provocations sans pudeur. Nous discuterons les opinions, mais nous laisserons passer les injures. Le journalisme serait désormais impossible, s'il ne devenait plus qu'une sorte de dialogue, de catéchisme poissard, à l'usage des tréteaux politiques et de la populace des partis. La vie publique doit être un combat en champ-clos, mais ne doit pas dégénérer en un ignoble pugilat.

Si les écrivains conservent leur dignité, le mérite en sera à eux seuls, à leur résolution inflexible ; quant à la loi, elle a ôté les grilles de l'égoût, tout le flot des immondices peut en sortir.

Ce n'est pas là pourtant ce qui nous a obligé à combattre cette loi quand on la discutait, et ce qui nous l'a fait subir à regret, maintenant qu'elle est votée. Nos considérations découlent d'une source plus élevée, et ce n'est pas seulement dans la position particulière que l'humeur de certains confrères nous fait ici, que nous allions chercher des arguments.

Nos ennuis, nos dégoûts personnels ne sont rien; mais il y a un principe sacré que l'on a voulu atteindre, la liberté de la pensée ; il y a une force morale, une puissance qui n'a de valeur que parce qu'elle est un des rayonnements de la souveraineté populaire, que l'on a voulu battre en brêche et démolir; c'est ce principe, c'est cette puissance que nous défendons : l'un et l'autre sont menacés par la loi de haine à laquelle un représentant de l'Aube, qui avait sans doute des raisons d'en vouloir à la presse. a été jaloux d'attacher tout particulièrement son nom.

On a dit souvent (et ce blasphème a été répété à la tribune par l'un des auteurs de l'amendement qui nous occupe aujourd'hui) que la presse était un pouvoir usurpateur, qui exerçait un mandat que personne ne lui avait confié, et qu'il fallait refréner cette autorité sans contrôle et sans droit, qui s'installait de par le bon plaisir de quelques hommes.

La presse, pour nous, c'est la souveraineté populaire en permanence, s'exprimant par ses cent voix, exhalant des acclamations discordantes, mais qui réunies, forment le vaste écho de toutes les consciences humaines. Attaquer la presse, c'est attaquer l'inviolabilité de la pensée. Il n'est pas un seul journal, si petit, si obscur, disons-le, si absurde qu'il soit, qui ne réponde à une idée de la foule. Comprimer, refouler ce journal, c'est exercer une action despotique sur un certain nombre de consciences qui, pour être une minorité, n'en ont pas moins droit au respect. Hors les attentats flagrants contre la morale et les lois, les manifestations de l'intelligence sont toujours inviolables. La discussion, le bon sens, le progrès, font justice de l'erreur; mais il faut craindre, en étouffant un paradoxe, d'écraser une vérité qui peut y être contenue, et dont il n'est souvent que la coquille.

La presse est un pouvoir formidable; soit! Mais ce n'est pas sous la République, ce n'est pas avec le dogme de la souveraineté populaire, ce n'est pas avec le suffrage universel et le principe de la majorité qu'il faut s'en plaindre. Sans la presse, où en serions-nous? Supprimez donc l'imprimerie, cette puissance qui a démoli la féodalité et l'ignorance! La presse est le seul rempart de la liberté; c'est le seul frein à la tyrannie. C'est aussi peut-être la seule garantie sérieuse de l'ordre.

Je m'effraie plus d'une génération muette, taciturne, qui refoule et cache ses pensées, que d'une génération qui vit en dehors, qui dit tout haut ses besoins, qui affiche, qui proclame ses intentions, qui dépense en propagande écrite et parlée son activité, dont la force contenue pouvait amener une explosion. Supprimer la presse, c'est proclamer le droit aux sociétés secrètes. Les chrétiens ne se sont cachés dans les catacombes que le jour où il leur fut défendu de prêcher leur foi nouvelle sur les places publiques.

On se demande avec effroi quel volcan n'allumerait pas dans les entrailles de la société actuelle, le refoulement absolu de toutes les utopies, de toutes les théories qui perdent leur force en s'évaporant dans leurs journaux et en passant par l'analyse. Nous ne faisons qu'indiquer là des idées dont l'évidence frappe, et sur lesquelles nous serions honteux d'insister plus longtemps.

Si l'on détruisait la presse, par quoi faudrait-il la remplacer? Quel contrôle? Quel modérateur mettrait-on à côté, en face du pouvoir? Les clubs? Nos mœurs, nos vivacités de caractère s'y opposent. La presse seule, cette tribune ouverte à tous, intimide l'ambition et épouvante la médiocrité. Napoléon avait raison de haïr les idéologues, ils sont les ennemis les plus redoutables du despotisme.

Beaucoup de ceux qui approuvent l'amendement qui détruit l'anonyme se défendent d'une pensée de meurtre contre la presse, et veulent seulement, disent-ils, la moraliser, forcer les écrivains, en se nommant, à avoir plus de respect d'eux-mêmes et des personnes.

Nous n'osons pas dire que c'est là une pure illusion; mais, en vérité, nous ne croyons pas que sur ce point tout le bien qu'on attend, découle de l'application de la loi. Est-ce qu'autrefois un journal sérieux, rédigé, soutenu par des hommes d'une valeur réelle, n'avait pas souci de sa dignité? Est-ce que certains écrivains, sans conscience et sans vergogne, gagneront la pudeur qui leur manquait, parce que leur nom sera au bas de leurs articles? Est-ce qu'autrefois, quand un homme d'honneur était blessé d'une polémique de journal, il ne trouvait pas, si le journal était de ceux que l'on estime, quelqu'un et presque toujours celui qui l'avait offensé, pour la réparation qu'il exigeait ? On dit qu'on osera moins contre les personnes en signant ; eh bien ! je crois qu'on osera davantage. Les provocations étant directes, les défis s'adressant à des individualités, on y répondra avec plus d'ardeur. Le gant jeté par un parti à un autre parti ne se ramassait que le jour de la guerre civile ; mais quand ce ne sera plus qu'un simple cartel à échanger entre écrivains, la lutte corps à corps s'engagera plus souvent et aura des conséquences plus terribles, plus meurtrières.

Nous ne croyons donc pas que sur ce point la loi soit efficace, en admettant que ses auteurs aient eu souci de la dignité, de la moralité de la presse. La grande révolution, la seule opérée par la loi nouvelle, c'est qu'elle substitue des noms d'hommes, comme drapeaux, à des noms de journaux ; c'est que la presse ne sera plus un dragon à cent queues et à une seule tête, mais un dragon à cent têtes, pour chacune des quelles il sera besoin, les jours de lutte, d'une arme différente.

La mutualité, la solidarité étaient les principes qui présidaient à la vie des journaux ; désormais ce sera l'individualisme. Est-ce un mal ? Nous le croyons sincèrement. La presse avait une action collective qui faisait sa force et qui était la garantie de la solidité de ses principes, de l'inflexibilité de son programme. Aujourd'hui on lui substitue une action isolée, personnelle. Chacun maintenant revendiquant la responsabilité de son opinion, et ayant son nom pour garantir sa bonne foi, fera moins de sacrifices au but commun, à l'idée de parti, et suivra davantage son idée particulière ; les schismes seront fréquents. Un journal n'aura plus seulement un mot de ralliement, il en aura forcément autant que de rédacteurs. On faisait bien, autrefois, à huis-clos, l'abandon de ce qui était trop exclusif dans ses opinions, pour la concorde ; mais, maintenant que le public sera dans la confidence, on tiendra à honneur de ne pas transiger, de rester entier, et de là, dans les moments décisifs, des tiraillements, des fractionnements.

Les journaux ne seront plus que les éditeurs de quelques écrivains auxquels seuls on devra demander des comptes, mais qui aussi ne parleront au public qu'au nom d'eux seuls. Le journalisme y perdra à coup sûr ; mais peut-être sera-ce momentanément, et, plus tard, réparera-t-on, à force de dévouement et d'abnégation, cette muraille ébréchée! Plus tard, quand on se sera habitué à consulter des hommes au lieu de consulter des organes, on aura donné à ces quelques individualités l'importance qui ne reposait autrefois que sur l'anonyme. Mais il restera toujours un inconvénient, un abus, c'est qu'on aura ainsi créé, fortifié, armé des ambitions dangereuses, c'est qu'on aura fait de toutes les tribunes du journalisme autant de piédestaux.

L'anonyme avait cela de bon, qu'il maintenait les idées d'abnégation, de renoncement personnel, et que bien peu osaient prétendre seuls à l'exploitation de services rendus au nom de tous. Ne voir dans l'anonyme que le fait blâmable d'un homme qui se cache pour attaquer ; c'est méconnaître la grandeur de la mission de la presse, et tenir bien peu de compte de la tentation perpétuelle qui nous pousse tous à prendre ouvertement la responsabilité de nos actes, surtout de nos actes politiques et littéraires, c'est-à-dire de ceux qui éveillent le plus l'ambition, et dont le succès échauffe le plus la vanité!

Si donc, nous blâmons la loi, c'est surtout, c'est seulement au point de vue général ; car au point de vue particulier des écrivains, elle ouvre la carrière à tous les talents, à toutes les ardeurs, elle met l'égalité dans le journalisme. Mais, nous l'avouons, pour nous, nous ne considérons pas le journalisme comme une spéculation littéraire; et quand après avoir signé d'abord nos articles, nous avons renoncé depuis à cette habitude, c'est que nous avons voulu ôter à notre influence tout caractère étroit, mesquin, personnel, c'est que mandataire d'un parti, nous voulions que ce parti parlât toujours, et qu'il nous répugnait de nous substituer à lui. Nos articles ne nous appartiennent que par la forme; mais par le fond, ils sont pris au foyer commun. Voilà pourquoi nous avons effacé pendant longtemps notre signature; voilà pourquoi nous avons créé la collaboration de Jacques Souffrant.

La loi nouvelle nous défend d'être modeste! Soit, nous nous résignerons gaîment, et nous continuerons à visage découvert une lutte loyale, qui nous laisse, au plus fort même de l'engagement, toujours en repos avec notre conscience et avec les hommes impartiaux.

Il y aurait bien des choses à dire sur les difficultés d'exécution de la loi nouvelle; nous avons voulu seulement exposer ici sous quelles impressions nous l'avions acceptée et avec quelles résolutions nous allions désormais nous y soumettre.

Louis ULBACH.

TROYES. — IMPRIMERIE DE CARDON.

www.ingramcontent.com/pod-product-compliance
Ingram Content Group UK Ltd.
Pitfield, Milton Keynes, MK11 3LW, UK
UKHW021059200726
13857UKWH00003B/1005